刘子华 ◎ 著

逐梦海天

记“人民英雄”张超

ZHU MENG HAI-TIAN
JI “RENMIN YINGXIONG”
ZHANG CHAO

本项目已列入“湖南省作家协会 2019 年度重点作品扶持计划”

人民英雄
中国人民解放军挂像英模
逐梦海天的强军先锋

湖南教育出版社

图书在版编目（CIP）数据

逐梦海天：记“人民英雄”张超 / 刘子华著. —长沙：湖南教育出版社，2021.6（2024.7重印）

ISBN 978-7-5539-7973-1

I. ①逐… II. ①刘… III. ①报告文件—中国—当代 IV. ①125

中国版本图书馆CIP数据核字（2021）第017989号

逐梦海天——记“人民英雄”张超

ZHU MENG HAI-TIAN——JI“RENMIN YINGXIONG”ZHANG CHAO

刘子华　著

策划编辑：曹有鹏
责任编辑：李　欣　戴　军　姚晶晶　舒佩霞　黄　璞
出版发行：湖南教育出版社（长沙市韶山北路443号）
网　　址：www.bakclass.com
电子邮箱：hnjycbs@sina.com
微 信 号：贝壳导学
客服电话：0731-85486979
经　　销：湖南省新华书店
印　　刷：湖南省众鑫印务有限公司
开　　本：710 mm×1010 mm　1/16
印　　张：18
字　　数：165 000
版　　次：2021年6月第1版
印　　次：2024年7月第4次印刷
书　　号：ISBN 978-7-5539-7973-1
定　　价：48.00元

代前言 | 崇敬英雄 学习英雄

——写在第四次印刷之际

刘子华

接到责任编辑的电话，那种淡淡的喜悦是慢慢弥漫心扉的。在纸质书籍日渐式微的当下，作为一个业余作者，一本专著能第 4 次再版，算是再幸运不过的事了。

我心里清楚，不是我的文笔如何好，是我沾了作品主人公的光，沾了广大读者朋友对英雄敬仰的光。

张超出身在湖南省岳阳县一个农民家庭，三个哥哥不幸夭折，他成了父母的一根独苗。后来，父亲只身到岳阳城里打工。张超在岳阳城里度过了难忘的小学、初中和高中时光。２００４年９月，张超从岳阳市七中考入中国人民解放军空军航空大学，从烟波浩渺的洞庭湖畔出发，一路北上，来到了长春的母亲河伊通河边。

时光荏苒，四年的大学生活匆匆而过。张超以优异成绩毕业后，放弃了许多人梦寐以求的留校任教机会，坚决要求到“海空卫士”王伟生前所在部队当战斗机飞行员。他热爱祖国，忠诚担当，苦练精飞，数十次带弹紧急起飞驱离外军飞机，成了大家公认的“飞行超人”。

追梦人的翅膀永远向往的是更高更远的天空。2015 年 3 月，张超又放弃了提拔为飞行大队副大队长的机会，第一个报名并被遴选为航母舰载机飞行员，成为当时中国海军最年轻的舰载机飞行员。

加入舰载机部队后，张超勤学苦练，后来居上。2016 年 4 月 27 日，张超驾驶歼 –15 舰载战斗机精准着陆时，飞机突发电传故障——这是歼 –15 舰载战斗机最高等级的故障。危急关头，他全力推杆到底，尽最大努力挽救战机，却错过了最佳跳伞时机而壮烈牺牲，年仅 29 岁。

2016 年 6 月 29 日，中共中央总书记、国家主席、中央军委主席习近平作出重要指示，要求把张超烈士的先进事迹总结好、宣传好。

2016 年 11 月，中央军委追授张超同志“逐梦海天的强军先锋”荣誉称号。

我清楚地记得当时看到中央电视台新闻的情景，我双眼圆睁，死死地盯着屏幕，浑身的血液流得山呼海啸。岳阳走出了这么一位英雄人物，太了不起了，我为岳阳感到骄傲！

张超是身边的英雄，我当时就有创作的冲动，但我转念冷静一想，感觉这事很为难。我长期在宣传部门工作，知道采写英雄模范人物有严格要求，尤其是军队的英雄模范要求更加严格。我想，张超获得了如此高的荣誉，一定有部队作家为他树碑立传的。这样想着，我便放下了写作念头。

2018 年 9 月，经中央军委批准，增加张超为全军挂像英模。我当时看到新闻，可用“大吃一惊”来形容我的心情。在小学、初中课本里，以及社会上的广泛宣传中，全军挂像英模的先进事迹耳熟能详：张思德，全心全意为人民服务；董存瑞，舍身炸碉堡；黄继光，用身体堵枪眼；邱少云，在烈火中永生；雷锋，公而忘私，平凡而伟大……他们的英雄事迹铭记在心，成了我们一辈子追的“星”。在我的潜意识里，这些挂像英模既神圣又神秘。没想到，在我们身边，竟然也出现了“逐梦海天的强军先锋”张超，他成了全军挂像英模群像中一颗闪亮的新星。

我激动不已，心潮澎湃。

张超是为我国航母舰载机事业牺牲的第一位英烈。他理想崇高、爱党爱国、向海图强、超越梦想、崇德向善，是当代青年的杰出代表。用报告文学的形式总结张超烈士的先进事迹，挖掘其闪光点，从而汲取砥砺前行的力量，意义重大。

缅怀先烈，不忘初心，方得始终。张超的家乡岳阳市委组织部发出通知，在全市开展向张超同志学习的活动。通知发出后，很多单位和党员干部反映，可供学习的资料太少。了解张超，仅凭借新闻媒体的报道，缺乏系统的、具体的、有思想深度的先进事迹材料。学英雄无从了解英雄，成为许多人心中的遗憾。为张超树碑立传，不仅仅顺应了张超家乡人民的呼声，也顺应了全国广大读者的呼声。

我还考虑到，当今世界，风云激荡，正经历百年未有之大变局，国际环境日趋复杂，不稳定性、不确定性明显增强。中华民族要巍然屹立，需要英雄人物来激励、引领。习近平总书记指出："一个有希望的民族不能没有英雄，一个有前途的国家不能没有先锋。"天地英雄气，千秋尚凛然。中华民族是英雄辈出的民族，英雄精神是千百年传承下来的宝贵财富，和平年代同样也需要英雄。当人们在繁忙的生活中探求人生价值，渴望汲取力量的时候，需要有坐标来引领，需要有信仰来导航。

我当即作出决定，克服一切困难来采写。

机会总是偏爱那些有准备的人，正在这时，湖南教育出版社一位领导打电话找到我，说出版社响应习近平总书记的号召，约请张超家乡的作家进行专题创作，积极宣传新时代湖南本土涌现的人民英雄。

我心花怒放，一拍即合。

接受任务后，从2018年11月份起，我开始采访写作。我知道这次写作意义深远，责任重大。为引起重视，争取支持，通过努力，2019年3月，经专家评审，本书被列入"湖南省作家协会2019年度重点作品扶持计划"。2019年4月，经专家评审，列入岳阳市文联首届签约作家重点作品扶持计划。

采写报告文学，“脚力”是非常重要的，脚板底下出文章，已是文体共识。更有报告文学大家强调，报告文学的写作是七分采访，二分思考，一分写作。张超虽说是我们身边的英雄，但要写好非常不容易。报告文学写人物，不是“塑造”人物，因为它写的人是真实存在的，不仅要“形似”，而且还要“神似”，深入细致的采访就变得非常重要。

张超是人民海军的骄傲，采写他的英雄事迹必须深入他生前所在的部队采访。这给我出了一个难题，我一个地方的业余作家怎样才能得到部队批准去采访？就在我忧心忡忡时，张超的妻子张亚伸出了援手。她要我向海军政治工作部某局写了一份申请报告，在她的帮助下，2019 年 5 月，采访报告得到了批准。我终于十分荣幸地得到了采访机会，深入张超生前所在的某舰载机基地采访了 4 天，面对面采访了他生前很多的领导和战友，获得了许多珍贵的第一手资料。

出于严格保密的需要，采访有很大的局限性，采访时很多时候不能“刨根问底”。比如飞战斗机有一个很难的科目，就是空中抵达某一个点，训练大纲对抵达时间误差有严格要求。以前大家接到飞行任务，事先都会作大量准备，但往往还是会有误差超标的事发生。张超在飞行实践中也遇到同样的难题，他是个善于动脑子的人，琢磨着有没有既省力又准确的方法。不久，张超很巧妙地把这个问题解决了，确保准确无误到达任意一点。为感谢张超的努力和付出，大家给它命名为“张超算法”，现在，全团飞行员一直在沿用。采访时，我问“张超算法”的具体内容，官兵们众口一词：“这是高级机密，不能说。”

严格地说，出于保密需要，采访只能蜻蜓点水。写作时，相关细节也不可能写得太深太实，只能重点围绕精神层面来着墨。

为了确保张超的英雄形象可信、可亲、可学，在采访方面，我也是下足了功夫。在半年时间内，采访了张超的老师、同学、邻居及亲人近百人次，仅采访张超的父亲张胜华就有30多次。

有读者不解，质疑我采访张超的父亲30多次是不是真的。我回答，当然是真的。我跟张超的父亲都住岳阳城，相距也不远，开车不到十分钟路程。张超牺牲不久，父母还处于悲痛中，如果我去采访，问张超小时候有些什么有趣的故事，父母头脑几乎是一片空白，什么也想不起来。对我来说，一时想不起来没关系，我有的是时间和机会。那段日子，我只要有空闲，就打电话给张超的父亲，邀他散步，或者喝茶，或者吃便饭，在轻松的氛围里随便聊聊。张超初二的时候同他一起背诵《岳阳楼记》，张超发现高年级同学偷卖机器配件等故事，就是这样慢慢“挖掘”出来的。

采写的过程，实际上也是自我教育、净化灵魂的过程。我时常被他的英雄事迹和崇高精神感动，夜以继日，奋笔疾书。

根据相关要求，由于张超是英模，其工作内容涉密，按程序报批审查十分严格。2019 年 9 月初，我将征求意见稿寄给张超生前所在部队审核。

就在我眼巴巴地等待部队审核意见的时候，张超获得了更高的荣誉。2019 年 9 月 29 日，张超被授予“人民英雄”国家荣誉称号。人民英雄，是国家为隆重表彰为新中国建设和发展作出杰出贡献的功勋模范人物颁授的国家荣誉称号。张超是全军十大挂像英模中，唯一获此殊荣的人，是全军的骄傲。

等待的每一个日子，都让我度日如年。10 月 30 日，我终于收到了舰载机基地寄回的审核稿。书稿上，有蓝墨水笔、圆珠笔、铅笔 3 种笔迹的修改意见，可见，基地官兵阅读、审查非常仔细认真，让我肃然起敬。我按修改意见定稿后，送到湖南教育出版社编辑出版。出版社高度重视，本着对历史负责，对英雄敬仰的态度，组建了专门的编辑班子，花费 7 个月的时间精心打磨。编辑完成书稿后，将书稿寄给张超生前所在部队再次审核。部队高度肯定书稿，出具了同意出版的意见。本书从采访、创作到出版，前后历时三年，可谓 3 年成一书。

2021 年 9 月初，《逐梦海天——记“人民英雄”张超》正式公开出版发行。人民日报新媒体、学习强国、新华网、中国新闻网、中国青年网、中国作家网、新湖南、红网、文艺报、湖南日报、长沙晚报、岳阳日报等主流媒体纷纷宣传报道，在全国产生了广泛影响。

专家及读者也给予了充分肯定。

湖南省作家协会原主席、著名作家王跃文评价说：《逐梦海天——记“人民英雄”张超》生动真实地写出了张超在4.4秒间生死抉择的深厚根基与深沉动因，令人信服地记录和呈现了一位英雄的成长史。丹青难写是精神，作者主题建构深刻，人物栩栩如生，结构颇具匠心，语言鲜活丰富。作者采访调查扎实，恪守纪实原则，有鲜明的报告文学的文体意识，该作品也同时具备了思想性、文学性与可读性。

湖南省评论家协会原主席余三定撰文认为：长篇报告文学《逐梦海天——记“人民英雄”张超》题材独特，是当下一本不可多得的好书。本书主人公张超是新时期涌现的全军重大典型，影响深远。无论在战争年代还是和平时期，中国人民解放军都是坚不可摧的钢铁长城，保卫着祖国安宁、人民幸福，时刻捍卫着国家与人民的主权和尊严，怎么赞美军人都不为过。

湖南省文联青年评论家贺胜在书评《翱翔于天际的碧海雄鹰》中论述：《逐梦海天——记“人民英雄”张超》的作者和张超同为岳阳人，他笔下的张超爱笑、亲切，有正义感，驾驶战机翱翔于海天之上是他毕生的追求和信仰。和一般教科书式的枯燥报告文学不同，书中的文字描写与事实记录在客观理性的同时兼具用情用力，书中的张超不仅是人民英雄，还是一个有信仰、有情怀、有血有肉的普通男人，一位丈夫以及一位父亲。书中所记录的一个个故事虽看似简单，但却极有史诗感。

岳阳市评论家协会名誉主席李望生在评论《时代 英雄作家》中指出：张超用他的知行完成了一个时代英雄的塑形，刘子华用他真诚的笔墨完成了一个作家不可回避的使命。是时代选择了张超，是使命选择了作者。与其说《逐梦海天——记“人民英雄”张超》是刘子华的一部长篇报告文学作品，不如说是他们为时代共同完成了一位英雄灵魂的重塑。这是时代英雄的价值所在，也是时代文学的价值所在，更是这个时代作家的使命所在。

岳阳市云溪区作家协会主席张逸云在《湖南日报》发表评论文章称：《逐梦海天——记“人民英雄”张超》牢牢抓住人的精神特征，进行新颖、细致的表达。人物性格鲜明，人物语言生活化、个性化，把人物放在广阔的社会背景中去反映，发掘人物形象普遍的社会意义；努力揭示人物内心世界，写出人物灵魂，让人物有血有肉；尤其注意环境描写，情感投入和心理过程烘托，从而凸显人物的主体价值，是一部细节生动、充满艺术魅力的优秀作品，真实刻画了张超崇高的精神品质和“尖刀上的舞者”的动人形象。

2021年9月30日是我国第八个烈士纪念日，为缅怀英烈、学习英雄、弘扬爱国主义精神，湖南教育出版社向“人民英雄”张超的母校岳阳市七中，捐赠了由该社出版的长篇报告文学《逐梦海天——记“人民英雄”张超》。岳阳市委宣传部、岳阳军分区、湖南教育出版社等单位领导以及张超烈士父亲张胜华参加了捐赠仪式。张超的父亲张胜华的讲话在同学们中间引起强烈反响。他深情寄语七中学生:“张超虽然牺牲了，但他的精神仍在。我希望同学们好好学习，从小树立远大理想，以顽强的毅力努力学习文化知识，早日成为祖国的栋梁之材。”

作品正式公开出版发行后，受到读者青睐。2021 年 6 月第 1 次印刷，2021 年 11 月第 2 次印刷，2022 年 4 月第 3 次印刷，2024 年 7 月第 4 次印刷。阅读对象涵盖了党政机关、学校、研究机构、社会团体及其他大众读者。尤其难得的是，辽宁舰基地官兵人手一册。

本书之所以能够畅销，我认为离不开该书的特色亮点。

政治站位高。当前，我国正处在和平年代，把我国建设成为富强民主文明和谐美丽的社会主义现代化强国，是我们的奋斗目标，英雄精神激扬的场域也由战火纷飞的战场转变为各自的行业与岗位。习近平总书记指出：“中华民族是崇尚英雄、成就英雄、英雄辈出的民族，和平年代同样需要英雄情怀。”世界上任何一个谋求繁荣进步的民族，都必须始终秉持着对英雄的历史铭记、情感眷恋、价值认同，都必须始终将英雄情怀融进民族血脉之中。面对百年未有之大变局下波谲云诡、复杂多变的世界形势，讲好革命先烈英雄故事、厚植英雄主义情怀意义重大，要将英雄的精神气质、道德操守、风骨气节，转化为中华民族伟大复兴的精神支撑，以及新时代中国特色社会主义前进发展的无限力量。张超是新时代涌现出来的全军挂像英模、“人民英雄”，讲好张超的故事，挖掘其闪光点和深刻的思想内涵，对于厚植爱国主义情怀，可谓恰逢其时，影响深远。

题材独特。张超是湖南继雷锋之后的第二个挂像英模，为张超树碑立传，可为广大读者提供一个新时代鲜活的英模形象，激励全国人民以张超为榜样，砥砺前行。本书是湖南省第一本经海军政治工作部批准，北部战区支持，某舰载机训练基地接受采访并3次审稿，全面反映“人民英雄”张超成长经历和心路历程的长篇报告文学。

榜样形象鲜明。青少年正处在人生的拔节孕穗期，引导他们树立正确的世界观、人生观、价值观，让他们知道哪些是该追的星，非常重要。那些“为天地立心，为生民立命”具有家国情怀的人，那些为国家、为社会作出重大贡献的人，才是国家和民族的脊梁，才是我们这个时代的超级偶像。本书从细节着手，通过记叙张超从校园到军营的生活，再现其成长经历和心路历程，为读者还原了一个可信、可敬、可爱、可学的青春偶像形象，对帮助青少年从小树立人生理想，把爱国之情、报国之志融入他们的不懈奋斗中，意义重大。

创作手法新颖。大多数图书描写英雄人物都比较刻板严肃，中规中矩，艺术性不强，缺乏阅读性。本书跳出了以往刻画英雄人物的窠臼，采用电影蒙太奇手法，把张超的一生巧妙剪辑，表现形式新颖，引人入胜，让读者眼前一亮。有评论家称赞：本书虽是报告文学，但少了严肃刻板，多了形象与抒情，有细腻的亲情与爱情，有坚定的信仰与担当，有英雄逝世的伤感，也有精神不朽的激昂。打开书时心情沉重，阅读时激人奋进，合上书后回味无穷，呈现了英雄史诗与报告文学结合的独特魅力。

最后，我想说，感谢张超，感谢读者，感谢湖南教育出版社，感谢这个火红的时代！

目录

这段佳话，

必将在蓝天与大地之间经久流传！

忐忑不安的旅程

>>>

ZHUMENG HAI-TIAN

JI "RENMIN YINGXIONG"

ZHANG CHAO

张亚没有感觉到一丝温暖，仿佛一只落单的大雁，任凭孤独在心中弥漫。

2015 年 3 月，张超从南海舰队航空兵某飞行团被选拔到渤海湾某舰载航空兵部队后，妻子张亚一直留在海南。

2016 年春节期间，夫妻俩回岳阳团圆了。岳阳的冬天特别冷，张亚说："北方的冬天肯定比岳阳还冷，如果去部队看望你，要买件暖和一点的衣服才好。"张超说："你五一去沈阳吧，艾哥是沈阳人，我听他说过沈阳的一件衣服特别好，式样时尚，又很暖和。"张亚知道，那件衣服很贵，丈夫这样大方，她心里有些舍不得："你真给我买啊！"张超微笑着说："自己的老婆不心疼谁心疼。"张超告诉妻子，五一劳动节自己刚好完成着舰训练，获得航母上舰资格证，到时候他会把着舰的鲜花送给她。

张超一下描绘了两个梦想，让张亚平静的心塘泛起层层涟漪。尽管夫妻俩天南地北，相隔千山万水，但他们彼此都能感受到对方浓浓的爱意。每天不管多忙，张超都要打电话报平安，说些夫妻间的私房话逗她开心，她每天都在幸福的憧憬中度过。

时光匆匆，似乎是眨眼间，两个多月过去了。

几天前，张超打电话告诉张亚，他同艾哥约好五一假期一起去沈阳，艾哥陪着去买衣服。张亚心花怒放，她不认识艾哥，但她知道艾哥叫艾群，是张超同宿舍的战友。张超要张亚买 29 号去沈阳的火车票，他放假后去沈阳与张亚会面。

接完丈夫的电话，张亚脸上浮起红云，多少相思苦瞬间被甜蜜的期待驱散。她按捺不住激动的心情立马给大姐张鑫打电话托她订票。大姐有个朋友在岳阳天伦城开了个售票点，张亚平常也委托过大姐购买火车票，十分方便。哪知，张亚从大姐手上接过火车票时，才发现买错了时间，买的是 4 月 27 日的，比原计划提前了两天，她有点生气。大姐说："生什么气啊，将错就错好了，说不定你可以早点同张超见面哩。"

张亚本想改签时间，听大姐这么一说，脸由阴转晴，心房立刻洒满了金色的阳光。

张亚曾是国航的空姐，个子高挑，气质优雅，一双大眼像清澈的潭水。漂亮的姑娘都爱美，张亚也不例外，她早早地收拾好了心情，弄了一个张超最喜欢的发型，装了满满一箱子的漂亮衣服，美美地等待着。

张亚与张超结为伉俪，缘于表哥的牵线。这个表哥身份特殊，按亲属关系，既是张超的表哥，又是张亚的表哥。正因为这种特殊的亲属关系，表哥对他们都了解，有意牵红线。

两个在天上飞的人，一个飞战斗机，一个飞民航客机，如能结成百年好合，也不失为一段佳话。2010 年春节期间，张超从部队回家探亲，从三亚坐飞机到长沙黄花机场。表哥知道后，立马打电话告诉张亚，凑巧的是，张亚那天正好在黄花机场休息。表哥要她在机场接到张超后，一起去市里吃饭。

张亚永远忘不了同张超第一次相见的场景，张超背着一个双肩包，玉树临风，在人群中特别显眼。因为海南太阳光照射强，他皮肤有些黑，但脸上灿烂的笑容带给人春天般的温暖。张亚胸口似囚了一头小鹿，活蹦乱跳，她一下子尝到了初恋的味道。

然而，好事多磨。张超和张亚虽说都住岳阳城，但经济条件差别很大。张超出身农村，家里条件不太好；张亚家里经济条件优越，张亚父母担心她受委屈，并不太赞成他们交往。真正促使他俩定下终身大事的，是缘于一次美丽的误会。

2011 年夏天，张亚在执行航班任务途中，突然全身红肿。到医院检查后，医生说她 80% 的可能是得了红斑狼疮，这种病很难治好，可能会影响生育。正是如花的年龄，初尝爱情的甜蜜，却得了这种病，张亚特别绝望，感觉天都要塌了。她犹豫了很久，要不要打电话告诉张超。走出医院，大街上满眼是来来往往的陌生人，她心里空洞洞的，一丝源自心底的寒意让她心如死灰。她撑着一把小花伞，一个人无精打采地走着，高跟鞋击打着坚硬的水泥地面，发出单调的声音。忽然，一种特别熟悉的声音瀑布般凌空倾下，她一个激灵站住了，收起小花伞，抬头张望，蔚蓝的天空中几朵白云在飘荡，飞机的轰鸣声渐渐远去，却不见飞机的踪影。“超，是你吗？”张亚在心里呼唤，脑海里刹那间浮现出了张超温暖的笑脸和矫健的身姿，她迫不及待地掏出了手机。

爱是世上最美的语言，更是恋人心中最急切的呼唤。接到张亚的电话，张超心急如焚，恨不得长一双翅膀立刻飞到爱人的身边，他赶紧向领导请假。

情似海，心似箭，两个相爱的人都在焦急等待见面的那一刻。张超一进门就紧紧抱住张亚说：“张亚，我想马上结婚，照顾你一辈子！”在张亚听来，张超这句大实话，是带着泥土芳香的真情告白，胜过所有海誓山盟，在她心海掀起了巨大波浪。随后，张超掏出一张银行卡塞给张亚：“这是我存的10万块钱，你先拿着治病。”张超一脸真诚，说得十分恳切。一个男人倾其所有浇灌爱情之花，哪个女人不感动呢？张亚被深深打动了，那一刻，她从心底认定眼前这个人是个值得托付终身的人。

也许是老天爷有意考验他们——张亚的身体出现那样的状况，是免疫力下降造成的，属误诊。

两个月后的中秋节那天，张亚在没有征得父母完全同意的情况下，毅然坐飞机去三亚，同张超领取了结婚证。

有情人终成眷属，这年冬天，他们幸福地牵手走进了婚姻的殿堂。

“身无彩凤双飞翼，心有灵犀一点通。”4月27日早晨起来，张亚本想给张超打个电话问候一下，告诉他自己激动、渴盼的心情，临拨出去的那一刻，还是放下了。

张亚知道张超最近几天训练任务很重，再飞三个飞行日，他就完成了上舰前的所有课目，马上就能实现着舰梦想。她是一个温柔体贴、深明大义的妻子，非常理解丈夫、支持丈夫；但她更是一名飞行员家属，只要丈夫有飞行任务，心就是悬着的。张亚曾数次同张超谈起过自己的担心，张超总是很轻松地说，自己技术这么好，放心吧。

张超到舰载机部队后，张亚的心几乎每天都不安。她上网查过资料，舰载战斗机飞行员的风险系数是航天员的5倍，是一般战斗机飞行员的20倍。有一次，他们聊到了这个话题，谈到了生死。张亚说，如果有一天你出事了，我怎么办？张超收起笑容，一脸严肃地说，天塌下来，有组织！

几年前，张超在南海舰队航空兵某团服役时，到杭州疗养。那时张亚还在国航浙江分公司当乘务员，居住在杭州。俩人见面很不容易，张亚做张超的工作，想让他来民航，待遇好，安全系数高，更重要的是两个人可以在一起。张超坚决不同意，他们之间发生了激烈的争辩。

张亚说："海南生活条件差，杭州是繁华的大城市，生活条件好，你飞战斗机工资待遇低，我在民航工资待遇好，工资是你的两倍多。为什么不来民航，你傻呀！"

张超说："人各有志，我的志向不在于享受物质生活条件，不在于过安逸日子，我的志向是肩负保卫祖国海天的职责，要全身心付出。"

张超态度鲜明，张亚没办法，但她还在做最后的努力。她找了个机会，特意把张超推荐给航空公司领导。航空公司领导很欣赏他，希望他能来民航发展，没想到张超当面谢绝了。回家后，张超心绪难平，把张亚好好地教育了一番，他说："从今往后，希望你不要再提去民航的事！如果所有飞行员都飞民航，谁来保卫我们的国家？没有强大的国防，哪有民航满世界安全飞行？"

张超的话，在外人听来也许是高境界的话，但事实上却是新时代一名对祖国无限忠诚的军人不加修饰的心声。从此张亚再也不提去民航的事，她知道，丈夫舍小家为大家，不贪图个人享乐，一心想的是保卫祖国的海天，早已将个人享受乃至生死置之度外。虽说是丈夫，她对他仍然肃然起敬：他矢志献身国防的崇高情怀，感染了她；他不怕牺牲的大无畏英雄气概，鼓舞了她。在张超的影响下，张亚对人生有了全新的认识，2012 年 6 月，她下定决心，辞去了自己喜爱的乘务员工作，特招入伍来到了海南张超所在的部队，开启了平凡而瑰丽的人生新航线。

整个上午，张亚都同女儿张上明珠在一起。女儿两岁多，口齿伶俐、活泼可爱。张超对她特别宠爱，出生时，张超特意利用了“掌上明珠”的谐音，给她取名“张上明珠”，小名含含，寓意要把这颗明珠含在嘴里，捧在手心。每天不管多忙，他都要同女儿视频，这成了他每天紧张训练之余最开心最幸福的事。因为有爱和牵挂，张超无论飞得多高多远，一家人的心都紧紧相连。

张亚一边逗含含玩乐，一边心里惦记着张超。她在心里嘀咕：“明明知道我今天动身，为什么电话也没有一个呢？这不正常啊。”

张亚太了解丈夫了，她的疑惑是有道理的。在她心中，张超既有中国军人的钢筋铁骨，也有“80后”年轻人特有的柔情和浪漫。她每次出远门，张超总是反复叮嘱，路途上也会打来电话关心。张超自己出远门，也是电话不断，随时报平安。有一次，张超在外地出差，打电话给张亚，说有一个特别的礼物让她接收。张亚下班后急忙赶回家，没想到张超笑嘻嘻地从家里走出来，给了她一个热情的拥抱。张亚问，礼物呢？张超拍了拍胸，笑呵呵地说：“就是我啊。”张亚一愣，喜极而泣，张开双臂，再次紧紧地拥抱丈夫，她感觉自己是天底下最幸福的女人。

考虑到夜间坐车，张亚早早地吃了中饭躺在床上休息。刚躺下一会，突然觉得全身冰冷发颤，她十分奇怪，睡意全无，干脆起床照看女儿。因为今天要坐火车，她特别留意了家里的挂钟，当她把目光投向挂钟时，时钟正巧指向下午一点。她突然觉得心特别慌、特别乱，她一下子想到了张超，在心里说:“超，你没事吧，怎么整个上午没有一个电话啊？”她一把搂过女儿，紧紧地抱在怀中。

好不容易挨到夜幕降临，四周的灯火亮了。张亚没有感觉到一丝温暖，仿佛一只落单的大雁，任凭孤独在心中弥漫。

从白天到现在，张超没有打过一个电话，这是很反常的。这种反常是一种煎熬，她多次拿出手机，点开了张超的电话，最终没有拨出去。作为军人，作为张超的战友，她很了解丈夫驾驶舰载机的危险性，所以从不轻易给他打电话，担心干扰了他的训练，反倒是张超每天主动打电话报平安。

熬到晚上 9 点，张亚仿佛熬过了漫长的几十年，再也忍不住，浑身颤抖着给张超打电话。电话是通的，她心里一阵惊喜，电话响到自动断线，张超还是没接。张亚想，张超也许是白天训练太劳累睡着了。这样想着，心里稍微安稳了些。

终于到了晚上 12 点，张亚特意穿上了张超最喜欢的连衣裙，从岳阳火车站上车。火车缓缓离开了岳阳站，张亚的心早已飞到了渤海湾，飞到了张超身边。

夜深了，火车在寂静的大地上风驰电掣一路向北。窗外不时闪现点点灯火，张亚看了看手机，电量不多了，又没带充电宝，坐的是老式绿皮火车，车上也没有充电的地方。为了节约电量跟张超通话，她决定关机休息一会儿。

“甜甜！甜甜！”张超在她耳边轻声呼唤。

读高中时，张亚名叫张甜，娘家人都叫她小名“甜甜”，或叫“甜伢哩”。张超和张亚都是岳阳人，当地人叫老婆为“婆婆”，每次见面或打电话，张超总是随心所欲地呼唤她，一会儿是“婆婆”，一会儿是“甜伢哩”，一会儿是“甜甜”。张超每次称呼她时，话语中总是流淌着笑声，饱含着柔情蜜意，张亚很享受老公这种别出心裁的爱恋。而张亚对张超的称呼也随时随地变换，在公开场合叫他名字，两人世界时就叫他“老公”或“超哥”。这次团聚，张亚是带着甜蜜“任务”的，她同张超商量好了，利用这个假期要二孩，打算为他生一个小飞行员。

“甜甜！”张亚满心欢喜，突然惊醒。她扭头四处看了看，周围的人都在睡觉，耳畔传来的只有火车敲打着铁轨的单调声音。她忙打开手机，显示是凌晨 4 点。查看来电显示，居然没有一个电话，她最希望看见的电话更是不见踪迹。

她心头更加不安起来。她决定以自己的方式探个究竟。她同张超之间没有秘密，两人彼此都知道对方的 QQ 和微信密码，随时可以登录对方的 QQ 和微信。

她登上了张超的微信，看到很多战友都发了祝福的微信留言。既不是节日，又不是生日，为什么这么多战友发祝福的话？敏感的她似乎从中嗅到什么味道，这一切似乎都在暗示着什么。张超一天一夜没有打电话报平安，这本来就很不正常，现在又看到战友们的微信留言，她的心一下子悬了起来：老公，超哥，你怎么啦？怎么不理我啊？难道？……不！

她越想越害怕，顾不上正是别人深睡的时间，还是决定拨电话打听消息。

拨谁的电话呢？张亚想到的第一个人便是张超的教导员。平常，空勤家属有什么事都会与教导员联系。临拨电话时，张亚犹豫起来，现在是凌晨了，贸然拨打教导员电话不妥。

张超去舰载机部队一年多了，她没去过，也没有他战友的电话。她决定打给在微信上留言的南海舰队的战友，这些留言的战友，她基本上都认识。

电话通了，无人接听。

又一个电话通了，还是无人接听。

电话再一次通了，电话那头却是一片沉寂……

张亚如身处茫茫沙漠，孤立无援，心里越来越慌，浑身变得冰凉。

这时，列车长走了过来，目光重重地看了她一眼。

终于，有一个战友接了她电话。她迫不及待地问战友，知道张超干什么去了吗？战友吞吞吐吐地说，张超可能是夜间训练，没来得及打电话。

张亚心头的疑虑越来越重，她点开了张超舰载机战友群。她在群中问：张超呢？

等了几分钟，没有人回答。她抬头无意中看见列车长就站在离她不远的地方朝她这边看。后来才知道，从她上车的那时起，上级就通知了相关部门，安排专人密切注意她的动向。

她又在群里发了一条消息：我是张超的家属张亚，有谁知道张超的情况请告诉我。她还留下了自己的电话号码。

群里还是没有人回话。

张亚仿佛只身来到了另一个陌生的星球，陷入了巨大的恐惧中。她紧盯手机屏幕，心里急切地呼唤："老公，你在干什么？怎么不理我啊？！"眼泪也不由自主地掉了下来。

恐惧！煎熬！她经历了人生中最绝望的 3 小时。

早上 7 点，群里终于有人说话了，说张超训练时受伤了，要她在北京站提前下车，到时会有车来接她。

张亚心急如焚，想问更多的细节，战友说见面再谈。

不久，张亚接到了张超所在部队飞行大队长打来的电话。大队长告诉她，张超训练时出了意外掉海里去了。张亚仿佛五雷轰顶，急切地问多少小时了，大队长说已有 10 个小时了，正在搜救。张亚又不放心地问，像张超这样的情况，有效搜救时间是多少。大队长说 14 个小时，还有 4 个小时。张亚一想还有希望，哽咽着对大队长说，求求你们救救张超……

父亲被迫进城闯天下

>>>

ZHUMENG HAI-TIAN
JI “RENMIN YINGXIONG”
ZHANG CHAO

张胜华决定离开这块伤心之地，

去岳阳城里打工谋生。

张超出生在以忧乐精神闻名于世的岳阳市，我们在仰望翱翔蓝天的雄鹰时，也应俯首这方哺育他的坚实大地。2018年9月，中央军委批准张超为全军挂像英模，在社会上引起巨大反响，新华社、人民日报、中央广播电视总台、解放军报等各大媒体都在宣传报道张超的先进事迹。

作为一个本土作家，我觉得自己有责任和义务去探寻全军挂像英模的成长之路，探求他丰富的内心世界，还读者一个血肉丰满的真实英模。于是，张超的父亲张胜华成了我的第一个采访对象。

洞庭湖自古水汽蒸发多，有诗为证："气蒸云梦泽，波撼岳阳城。"这是唐代诗人孟浩然描写洞庭湖的著名诗句。洞庭湖一年四季散发水汽，给炎热的夏天送来凉爽，到了冬天，这种水汽通过凛冽寒风的发酵，如刀刃一般锋利，岳阳城冷透了。

我同张超的父亲张胜华约好去他家里，快到时，我又接到他的电话，他说担心我找不到地方，在路边等我。这么冷的天，让他在寒风中等待，我心里很是过意不去，而他的体贴和细心也让我浑身暖融融的。

远远地，我看见一个戴着浅灰色毛线帽子的人，站在路边朝我来的方向张望。凭感觉，我猜想他应该是张胜华老人。小车在他眼前停下，我下了车。他朝我笑笑，说：“你是刘书记吧？”我赶忙上前握住他的手。

张胜华住的地方是岳阳楼区三眼桥街道桃花山社区易家组，从岳阳大道一条小巷进去，往南走一百多米便到了。这是一栋四层的楼房，张胜华住一楼。张胜华告诉我，这是一套二手房，买这套房子时，张超出了 20 万元。

进门就是客厅，一股暖气扑面而来，我看见地板上有一个电烤炉，电阻丝通红透亮，像穿云破雾的朝阳。我环视一圈，目光停留在进门墙上悬挂的三张照片上。中间一张是张超同父母的合影，张胜华介绍，这是张超刚上空军航空大学时的留念；左边一张是张超在飞机前的留影，张超左手端着飞行帽，右手是胜利的手势，脸上笑容灿烂，这张是在南海舰队航空兵部队照的；右边一张是张超同辽宁舰的合影照片，显然是后期合成的，上方是鲜艳的中国人民解放军军旗，中间是张超双手竖起大拇指的潇洒英姿，下方是舰载机在辽宁舰上起飞的画面。我正准备收回目光，照片左上方两行小字闯入了我的视线：“提笔安天下，跨马定乾坤。”

张胜华见我久久凝望，解释说，这是张超的姓名牌，每个舰载机飞行员宿舍门口都悬挂着这样的姓名牌。

我若有所思地点了点头。张超姓名牌上的话，出自《三国演义》中诸葛亮对蜀汉名将姜维的评价，原文是“文能提笔安天下，武能上马定乾坤”。姜维文武双全，是难得的英雄。张超把这句话作为自己的座右铭，可见他是一个梦想成为英雄的人。

三张照片，反映出了张超矢志报国、逐梦海天，短暂而辉煌的人生履历。

看得出，房子有些年月了。客厅正面墙上悬挂了一块几乎占据整面墙的茶色玻璃镜，这是20多年前岳阳流行的新房装修的“标配”。几张旧沙发，几把农村常见的木椅。

张胜华有些不好意思地说：“对不起，条件不蛮好。”

我的心像被黄蜂蜇了一下，说不出的难受。

他摘下帽子，我这才看清他的脸。头发乱糟糟的，脸上沟壑纵横，给人一种饱经风霜、忠厚老实的感觉。

他拖过一把木椅叫我坐，我刚坐下，他递支烟给我，我摆了摆手。他点燃手上的烟，吸了一口，淡蓝色的烟雾弥漫开来，飘荡的烟草味仿佛增加了周身的暖意。

“刘书记，你要我说什么？”“从您小时记事的时候说起吧。”

张胜华不太善言辞，说话断断续续。我时不时发问，以期唤醒他的记忆。

采访过张胜华5次后，我开始以时间为脉络，将碎片化的细节拼凑起来，头脑中立刻呈现出了两条奔涌的命运之河的风采。这两条命运之河，一条是张超的，时而平静，时而翻腾，无论是哪种姿态，大体上还是风正一帆悬；另一条是张超的父亲张胜华和母亲李四荣的，可谓暗礁密布、险滩丛生，尽管惊涛骇浪，但夫妻俩仍不屈不挠，勇往直前。我感叹，命运善于乔装打扮，但对于一个有勇气正视命运的人来说，命运压不垮人，只会使人坚强。

一条河流衍生出另外一条河流，两条河流相互交融着演绎出惊世绝唱。我心潮难平，决定去张超的出生地看看。

这天是2019年1月16日，地点是岳阳县筻口镇潦市村（原南源村）张福山组。

小车在弯弯曲曲的水泥路上小心行驶，天灰白着脸，像怀着憋屈，阴沉沉的。寒风在四处撒野，收割后的稻田空空荡荡，给人一种无依无靠的感觉，无端滋生出莫名的惆怅。

张胜华事先并没有告诉老父亲他要回老家，他告诉我，父亲张英才已经87岁高龄了，加上有条腿受了点伤，应该会在家待着。

从一条宽阔的公路旁延伸出一条窄窄的水泥路。张胜华说，只要踏上这条路，心里就五味难辨。这是几年前村民自己凑钱修建起来的，当时，张超正在南海舰队航空兵某团当飞行员，回来探亲得知村里修路，委托他捐了 3500 元。当初修的是砂石路，后来，再升级修水泥路，张超又捐了 20000 元。

每次回家看望老父亲，张胜华必定要走上这条水泥路。每次行走时，他都轻手轻脚，小心翼翼，生怕脚步重了，惊扰了长眠在此地的儿子们。

张英才夫妇养育了五个子女，张胜华是老大，出生于 1953 年，中间有三个妹妹，最小的是弟弟。虽然家境贫寒，但一家人相处和睦，日出而作，日落而息，日子过得简单而幸福。

1978 年，张胜华同临湘市长塘镇湖垸村的李四荣结婚了，婚后的日子甜蜜幸福。第二年，大儿子出生了，哪知，八个月大的时候，他突然得了麻疹，不幸夭折。此后几年，又生了二儿子和三儿子，但都不幸淹死在家门口的水塘和水井中。

没有希望便无所谓绝望，没有绝望便无所谓希望。张英才这位饱经沧桑的老人，绝不轻易向命运之神低头，他擦干眼泪，仍然在绝望中寻找希望，他劝儿子："华崽，你走吧！带了你老婆，到岳阳城里打工去。到了城里，再生了孙崽就不担心水了。"张英才老泪纵横，反复叮嘱："再生了孙崽千万莫让他玩水，切记切记！"

三个儿子都不幸夭折，这样的打击非一般人承受得住。张胜华同老婆商量后，决定听从父亲的意见，离开这块伤心之地，去岳阳城里打工谋生。

这一走，就是 34 年。

1985 年初冬，张胜华至今还清楚地记得那个阴冷的上午。他收拾了几件换洗衣服，准备去岳阳城里谋生。可翻箱倒柜，竟找不到一个像样的提包或者袋子。张胜华看到妻子一脸愁云，轻声安慰她，说等他到岳阳城里找了稳定的工作，就马上来接她。张胜华从墙角找了一个平常装化肥的蛇皮袋子，抖了抖里面的灰尘，将换洗的衣服放了进去。

出门时，天空正斜织着细雨，刺骨的寒风吹得脸生疼。他走出好远忍不住回头张望，还远远地看见一家人在目送他。他顿时有了一种“风萧萧兮易水寒，壮士一去兮不复还”的悲壮感。

从家里到岳阳城里有 40 多公里路，那时，乡村公路没有修好，也不通车，张胜华只能沿着羊肠小道一步一步走。

下午 3 点多，张胜华终于进了城。城里大街小巷路面铺的都是水泥，走路轻快多了。城里人穿的衣服五光十色，尤其是年轻的妹子，穿着打扮像明星一样；而他穿得土气不说，手里还拎了一个蛇皮袋子，活像个乞丐。他感觉自己像个入侵者，心里有了怯意。如果迎面有人走来，他就侧身让过，生怕妨碍了别人。他看见一个小伙子手里拿了一瓶水，边走边喝。水从嘴角流下来，打湿了小伙子的前胸。小伙子抹了一下嘴，将半瓶水狠狠地扔到了脚下，清汪汪的水汩汩地流到了大街上。张胜华眼睛瞪得大大的，喉结蠕动了一下，“咕噜”一声吞下了一口口水，多可惜啊，太浪费了。他脚步迟疑下来，却见那小伙子飞起一只脚将水瓶踢飞。张胜华下意识地侧了一下身，仿佛那只水瓶正朝他飞来。“啪”的一声，水瓶像一发炮弹不偏不倚掉落在一辆恰巧经过的货车车厢里。张胜华惊讶万分，小声骂了一句。

他继续往前走，肚子开始咕咕叫，清早出来，到现在水都没有喝一口。看见前面有个“老五面馆”，他惴惴不安地走了进去。老板以为他是来乞讨的，不耐烦地挥手赶他。他说：“我不是叫花子，是来吃面的。”老板打着哈哈说，下午 3 点多了，哪里还有面吃？张胜华看见案台上有两个包子，说买包子。老板说是冷的，张胜华说冷的不要紧。老板瞪了他一眼说：“看你是个可怜人，包子本来是一毛钱一个，只有两个了，五分钱一个卖给你。”

张胜华拖了把椅子一屁股坐下，仿佛卸下了身上的千斤担子，他一口气走了 40 多公里，快累散架了。他双手捧着冰冷的包子，狠狠地咬了一口。没料到，包子坚硬如铁，他龇牙咧嘴，好不容易撕下一小块，嚼了半天，才费力地吞下去。他找老板要了一杯热开水，将包子浸入开水中，泡开了再吃。他终于尝到了包子香软的味道，心里一下子有了家的感觉。想到家，想到这一路的艰辛，他的眼泪情不自禁地流了下来。眼泪滚落到茶杯中，他又喝了进去。流出来的是泪，喝进去的也是泪。

吃饱了，浑身有了力气，他又茫无头绪地行走在大街上，举目无亲，哪里才是安身之地啊？

夜色渐渐浓了，他的影子被路灯拉得很长，仿佛一个怪物。他着急起来，背着蛇皮袋子深一脚浅一脚往前走。他低着头，差点迎面撞上一根粗大的电杆。他朝电杆瞟了一眼，立马产生了好奇心。电杆上贴满了各种颜色的小纸片，他停下脚步，这才看清是张贴的小广告——有招工的，有治性病的，有修理沙发的。他心里一阵狂喜，这些小广告给他带来了希望。路灯昏昏欲睡，广告上的字又小，为了看清内容，他几乎把脸贴在了电杆上。上上下下看了十几张小广告，没有找到理想的工作，但他意外地找到了希望，他在小广告上看到很多招人的地址留的是马壕。马壕这地方很出名，是城乡接合部，紧挨京广铁路，铁路两边分布着一些企业和公司。马壕一天到晚机声隆隆，吵吵闹闹的。

张胜华以前去过马壕，那里住了一个老乡，凭着记忆，几乎没费什么周折就找到了。老乡得知他的情况，十分同情，劝他莫急，就住在他家，慢慢找工作。

在走投无路时得到了老乡的帮助，张胜华铭记一辈子。老乡问他有什么特长，张胜华说自己适合搞水电安装。老乡对岳阳城比较熟悉，告诉他，岳阳市一医院旁一条巷子进去，有个城东水电安装队，可以去试试。

在老乡家吃了早饭，张胜华急急忙忙地找到了城东水电安装队。

他忐忑不安地走进了队长办公室，五大三粗的马队长接待了他。张胜华说明来意，马队长眼睛瞪得像灯泡，说："你是岳阳县筻口乡里的？会水电安装？不可能吧？你莫吹牛皮，水电安装是门技术活，三担牛屎六篼箕，是要过硬的啊。"张胜华说："我保证不吹牛皮，我确实会搞。"张胜华一米七几的个子，浑身上下质朴得像块泥土。马队长半信半疑，叫来管技术的龙师傅，让张胜华先去工地上试试。临走前，马队长跟张胜华约法三章：试用期三天，如果行就可以上岗，每个月 70 元，但吃住自己解决。

第二天，张胜华 7 点多就到了城东水电安装队。8 点一到，龙师傅领着 7 个人来到一个工地。做同样的事，别人三人一组，唯独他一个人一组。他心里有数，这是龙师傅在有意考他。

龙师傅讲了要求，从进户的电箱、布线到接电的插头安装等，一整套工序必须在一天之内完成。

下午快收工时，马队长和龙师傅来了。俩人这里瞧瞧，那里摸摸，脸上露出了笑容。张胜华见有戏，心里一下子轻松了许多。最后，马队长表态："张师傅，你的手艺不错，你不用试用三天了，从今天起算你的工资，明天来上班，每周休息一天。"

真是喜从天降！工作了四天后就是星期天，张胜华利用这个休息日赶紧回家去报喜。一个月 70 元工资比一个刚参加工作的国家公职人员工资还高，他安慰妻子，等他工作稳定了，就接她去岳阳城里。

白天做事，晚上无所事事。张胜华才 32 岁，正是精力旺盛的时候，得闲时便四处走动，寻找熟悉的老乡。一天，他打听到有个老乡在岳东饭店做事，他便抽空找上门去拜访。老乡见老乡，两眼泪汪汪。这位老乡姓钟，不是一般的身份，他是饮食服务公司的副经理，在张胜华看来，是个很有面子的人了。钟经理问他是否有时间，如果有时间就来饭店立水泥电杆。张胜华心里有数，立水泥电杆是个技术活，但他胸有成竹，这事做得好。

张胜华说，他只有星期天有时间。钟经理要他星期天过来帮忙，做一天给一天工资，4 块 5 角钱一天。张胜华心里甜滋滋的，他出来就是挣钱的，有挣钱的机会，自己累点没关系。

星期天，张胜华如约过来立水泥电杆。水泥电杆又长又重，要立起来很不容易，如果没经验，会束手无策。张胜华手脚没停，亲自指挥，一天立了 3 根水泥电杆。钟经理见张胜华又聪明又勤快，看上了他。快完工时，他将张胜华喊到一旁，问他愿不愿意来岳东饭店做事。原来岳东饭店有 3 个电工，有个电工腰受伤回去了，正好缺一个人。

张胜华说："我去城东水电安装队做事才十多天，不好意思离开。"

钟经理见他这么说，觉得张胜华有感恩之心，更加从心底欣赏他。钟经理说："我这里是国营企业，如果你来就签合同，每月工资75元，比城东水电安装队多5元；签了合同就享受正式职工待遇，享受劳保福利，有手套、毛巾、肥皂发。"

张胜华望着钟经理，眼里闪闪发光。

钟经理接着说："你如果来，我还可以解决你的住宿问题，安排两个人住一间房。更重要的是，我们是国营单位，以后像你这样的合同工还有转正的希望。"

钟经理一席话，让张胜华的心怦怦直跳，他晓得一个农村人要跳出农门成为吃"国家粮"的人，是一件比登天还难的事。现在，钟经理给了他希望，他仿佛看见一轮红日正冉冉升起，他无比幸福地沐浴在金色的朝阳中。

张胜华动心了，临走时，他跟钟经理说："我回去跟对方商量一下，看他们是否同意。"

马队长听了张胜华的想法后，半天没吭声。他抽完一支烟后才开口说话："张师傅，你来我们安装公司只有十多天，但你的技术好，人又本分勤快，我和龙师傅都喜欢你。现在岳东饭店要你，岳东饭店发劳保福利，还给你安排住宿，还有转正的希望，确实比我这里强多了。人往高处走很正常，我们没有理由留你，必须支持你。”

张胜华说，他去岳东饭店上班，主要工作是搞电器方面的维护，平常有事就做事，没事就休息。

马队长说：“这样蛮好啊，我们安装队有事就喊你，你有时间来做事，工钱一天一结。”张胜华紧紧握住马队长的手说：“你是个好人，谢谢你的理解和支持！”

真是做梦一般，不到一个月的时间，张胜华的命运就发生了翻天覆地的变化：脱离了农村，找到了稳定的工作，前途一片光明。

到岳东饭店上班后不久，老婆又怀孕了。张胜华心里充满了期盼，他感觉每天都有使不完的劲。

1986 年 8 月，张胜华的第四个儿子呱呱坠地。张胜华喜极而泣，给儿子取名张超，意思是超越苦难，超越过往的一切，迎来辉煌的人生。

儿子快学会走路时，为防水，张胜华听从父亲的建议，去乡下将娘俩接到了城里。为了方便一家人共同生活，他在附近一个菜农家租了一间房子。

然而，命运总是爱捉弄向它挑战的人。当张胜华对未来生活充满憧憬的时候，一个消息让他猝不及防，心灰意冷。岳东饭店管理改革，上级规定，原则上不再从招聘人员中直接招工，如果想被招工，先要解决城市户口。

张胜华整天闷闷不乐，这城市户口怎么解决啊？一个没有任何背景的乡里人，要想解决城市户口，这简直是一件比登天还难的事。

就在张胜华孤立无助时，钟经理给他带来了福音。这年 12 月的一天，钟经理找到张胜华说："按现在的改革方案，你在岳东饭店没有招工的希望了，我把你介绍到另一个单位去。"

张胜华问："什么单位？"

钟经理说："岳阳橡胶厂正在招人，我问了橡胶厂的王书记，你去了可能会有机会解决问题。"

张胜华心头燃起一丝希望："我去橡胶厂做什么事？"

钟经理说："那里需要搞机电的人。"

张胜华知道搞机电是怎么回事，就说："那我去试试，看能不能招上。"

一天下午，钟经理带着张胜华来到岳阳橡胶厂。橡胶厂的王书记安排机电车间的熊主任面试。

熊主任安排张胜华焊接一个板材。一个小时后，熊主任来到现场验收。熊主任看了看焊接点，又问了一些焊接知识，满意地说："行！"

一个"行"字，张胜华的命运之舟又漂向了另一条河流。

从橡胶厂出来，钟经理十分好奇地问张胜华："你为什么样样都做得好？搞水电，搞电器，搞机械，搞焊接，你一个乡里伢子，是怎么学到这些技术的？"

张胜华腼腆地笑了笑，向钟经理交了老底。

张胜华1972年在岳阳县筻口公社团头岭区高中毕业，学制是两年。毕业那年，大队遭干旱，各个生产队抽调劳力上来抗旱。张胜华长得一表人才，又是高中毕业生，毛大队长指定抽调他。当时，大队安排两个人一组，负责一台柴油机日夜抽水。张胜华说自己什么也不懂。毛大队长说张胜华读了高中，又聪明，给安排一个师傅就行了。

毛大队长给他安排的师傅也姓毛，40岁左右的汉子，是个老机手。张胜华跟毛师傅一组负责两台柴油机抽水，一台10马力，另一台20马力。

这次抗旱，足足3个月。张胜华勤奋好学，经常找毛师傅问这问那。渐渐地，张胜华头脑中有了一台拆散了的柴油机的样子，每个部件的名称，每个部件的作用，他都烂熟于心。

大队里有个加工厂，主要是打米、粉糠。抗旱结束后，毛大队长爱惜人才，将张胜华留在加工厂做事，一直干了七八年。其间，他到县农技站参加了专业培训，考了农机操作证。

张胜华聪明本分，渐渐地被外人知道了。筻口公社一名领导开始“挖墙脚”，要他去公社广播站上班，专门管理维修扩音机，维护广播线路。筻口公社有几十个大队，张胜华一个大队一个大队地跑。立电杆、架电线，修理扩音机和喇叭，成了他的主要工作。工作不到一年，毛大队长找到公社领导，又将他要回了大队里。

张胜华在公社工作的时间虽然不长，但他有机会接触了很多人、很多事，开了眼界。回大队后，他跟毛大队长提建议，说临近的临湘通了电，大队也可以搞发电机发电。毛大队长非常赏识他，也非常支持他，于是亲自出面找关系，从岳阳一个工厂里买回了一台13千瓦的旧电动机。张胜华自学成才，将电动机改装成了发电机，解决了全村晚上用电的问题。从此，张胜华名声大噪。

后来，张胜华为了提升自己的专业水平，参加了岳阳县供电公司组织的专业培训学习，考取了电工证。

如此看来，张胜华在农村绝对是个能人，他当初被迫离开家乡来岳阳城里闯天下，身上就揣着农机操作证、电工证。所以，他搞水电安装、立电杆、架电线、搞焊接，都是手到擒来的事。

俗话说，家财万贯，不如薄技在身。张胜华靠着几门技术在逆境中顽强生存，不断向梦想靠近。

后来，橡胶厂领导帮张胜华解决了住宿问题，一家人终于有了安身之地。张胜华对王书记及同事们充满了感激，他以更加旺盛的精力投入工作中，以此回报大家对他的关怀。

张胜华把一颗感恩的心，传承给了儿子。从张超懂事起，张胜华就经常跟他讲别人帮助自己的故事，教育他要懂得感恩，回报社会。张胜华的言传身教，对张超的影响很大。张超身上表现出来的崇德向善、热情助人的性格，与父亲的教育是密不可分的。

人生有太多的等待，希望在等待中孕育，梦想在等待中开花。忽如一夜春风来，1992 年，政府出台政策，农村人口可以出钱购买城市户口。这对张胜华来说，无疑是久旱逢甘霖，他一咬牙，掏出 8000 元购买了城市户口。张胜华这次沾了政策的光，出了一个户口的钱，却解决了他和儿子张超两个人的城市户口。张胜华欣喜若狂，对政府的好政策无限感激。老婆仍然是农村户口，直到十多年后根据新政策才“农转非”，解决了城市户口。

有了城市户口，张胜华实现了人生的华丽转身，他怀着一颗感恩之心，更加努力工作。他的付出，赢得了工厂上上下下的一致好评，不久就被招了工，成了橡胶厂的正式职工。英雄有了用武之地，他从工人干起，后来被提拔为设备科长兼车间主任，直到退休。

远远地看见自己的家了，白墙红瓦，立于一处高台上。张胜华加快了脚步，走近一看，大门紧闭，门上一把“铁将军”。张胜华皱起了眉头，自言自语道：“父亲到哪里去了呢？”父亲没有手机，想要知道其去向成为一件非常困难的事。他到邻居家打听，才知道父亲去小妹家了。他掏出手机，打了小妹的电话。

打完电话后，他四处看看，掏出一支烟点上。蓝色的烟雾在眼前飘着，他右手举着烟，却不吸，仿佛举着一根香烛。

我站在他身边默默地注视着，他头发白了一半，额上的皱纹像刀刻出来的，岁月的侵蚀，心灵的创伤，让他看上去比同龄人要大许多。此刻，他眼神呆呆地看着几米外的池塘。池塘早已被填平，大部分变成了水田。这口池塘带给了他太多痛苦的记忆，每次回家看望父亲，他总要在这里站站。两个儿子长眠在此，他总是放心不下，时不时要回来看望他们。池塘的一部分，做了水泥路的路基，家门前几十米远的地方，一列火车呼啸而过。随着时间的推移，张胜华对三个不幸夭折的儿子的印象不但没有模糊，反而更加清晰。只要回老家，看见这方水塘，他就心潮难平。

“十月胎恩重，三生报答轻。”这是《劝孝歌》中的句子，可张胜华夫妇没有得到儿子们的孝敬报答，得到的，是深入骨髓的痛！

张胜华吸完一支烟，又吸上第二支，抬头看见父亲在二妹张小华和幺妹张月秀的陪同下走过来了。张胜华站的位置地势较低，需抬头仰望，两个妹妹一左一右像卫士一样紧紧护卫着父亲。父亲步履稳健，仿佛一名威风凛凛的将军。张胜华脸上浮起笑容，连忙迎了上去。

父亲头上戴着一顶深黄色毛线帽，黑衣黑裤，一双分不清颜色的鞋子上沾满了泥水，裤腿虽然挽着，但也溅上了星星点点的泥点。父亲听说大儿子回来看他，显然走得急，身上发热，大冷天的却敞着胸。

张胜华平时话语少，见了父亲只是笑笑。倒是父亲满面笑容地跟他打招呼："华崽来啦。"

张胜华已经66岁，但在老父亲眼里仍然是"崽"。任何时候见面，老父亲都是按照当地人的叫法，喊他"华崽"。

张超每次探亲回来看爷爷，爷爷总是亲亲热热地称张超为"超崽"。张胜华是张超的父亲，按辈分关系，老父亲应该叫张超为"超孙"才对。张超的小姑妈张月秀证实说："我哩（的）爸爸闷（很）喜欢张超，见面总是超崽超崽地喊。他说张超是一担谷下种，只长了一根独苗。"从称呼上可以看出，张英才老人对孙子张超的疼爱非同一般。

张月秀说，张超最后一次回家探亲正是清明时节。他来看望爷爷时，买了水果进的门，走时还给了钱，还专门去奶奶的坟上进行了祭拜。

张月秀沉默半晌后饱含热泪地说："张超最后一次回来，专门到了我家。娘家侄儿来看我，当然十分高兴，他见了我，刚开始只晓得嘿嘿地笑。我是小姑妈，同他关系非常好。他说：'四爷（岳阳县土话，四姑妈之意），你的脸色不好，主要是思想负担太重了。'我今年52岁，有两个儿子：大儿子25岁了，在外打工；小儿子19岁，读技校。家庭经济负担确实重，大儿子还没有找对象，烦心事多。张超了解情况，非常心疼我。临走时，张超搂着我的脖子说：'四爷，你想开点，开心点，我会想办法帮弟弟找到好工作。'"

张超的爷爷张英才快 90 岁了，除了听力有点问题外，身体仍然很硬朗。张英才老人回忆说，超崽上次回来，特意到门前的地坪里看了。门前的地坪原来是一口水塘，水塘里长眠着他的二哥，而水塘旁的小水井里长眠着他的三哥。这地方是他最不愿看见的，但每次回来看望爷爷，又总是忍不住转转。他是个有情有义的新时代军人，血脉亲情，怎么放得下呢？！

张超最后看望了大哥。大哥是 8 个月大患病走的，长眠于屋后一堆小小的泥土下。张超扯掉了大哥坟头的几株野草，恭恭敬敬三鞠躬。这时，起风了，天空中下起了小雨，冰冷的雨点打在张超脸上，他一个激灵，悲从中来："大哥，你们三兄弟团聚在这里，留下我一个人孤孤单单，你们多狠心啊！"张超泪流满面。爷爷站在不远处，看到孙子这个样子，老泪纵横。清明时节，张超以他特有的方式吊唁了自己远走的三个哥哥。

张超要走了，跟爷爷道别。爷爷还是同往常一样，送张超到村口上公路的地方。这段路差不多两公里长，张超心疼爷爷，不让爷爷送。爷爷却坚持送他到村口。临分别时，爷爷挥手对张超说："超崽，好好工作，我等你回来看我！"

张超走了好远，再回头眺望，只见爷爷缩着脖子，微驼着背，仍在向他挥手。一种异样的感觉涌上心头，他鼻子一酸，两行热泪夺眶而出。

捧在手心里的宝

>>>

ZHUMENG HAI-TIAN

JI “RENMIN YINGXIONG”

ZHANG CHAO

张超让一家人日夜操心，

生怕有个什么闪失。

张超还是个小婴儿时，由妈妈李四荣在家照顾他。每天下班，张胜华进门第一件事就是抱着儿子逗他玩乐，这是一家人最快乐、最幸福的时光。开心的笑声飞向窗外，连天上的白云也笑意盈盈地望着他们。

离开了农村，远离了水塘，孙子没有安全隐患了，张英才高兴得合不拢嘴。他吩咐老伴，家里的鸡蛋一个也不能卖，全部留给孙子吃。积攒十天半个月，他便亲自进城送上门。

一天傍晚收工回家，张英才看见一个邻居正用渔网捕鱼，网里的黑壳鲫鱼有一筷子长，活蹦乱跳，人见人爱。邻居看见他背了锄头走过来，便打趣道："张爹，黑壳鲫鱼好大一条，买几条给你媳妇送去发奶。"

说者无心，听者有意。民间就有这方面的说法，清炖鲫鱼给哺乳期的女人吃，可以催生奶水。张英才想到了远在岳阳城里的孙崽，立马放下锄头，弯腰挑了几条肥大的黑壳鲫鱼。

他如获至宝，弄回家赶紧用水桶养着，同老伴商量，第二天清早动身去岳阳城里。

这一晚，张英才睡得一点都不踏实，老是竖起耳朵听外面的动静，时刻担心鱼被猫叼走。忽然，外面传来“哗哗”的水声，张英才一个鲤鱼打挺翻身起床。老伴见状急喊：“老倌子，慢点起床，人老哒，要注意哒。”

张英才不管不顾，一个箭步冲到厨房，扯亮电灯，趴到水桶边，看见黑壳鲫鱼在摇头摆尾，时不时掀起水花。张英才仔细数了数，嗯，是 4 条，一条不少。他四处查看，没有发现猫的踪迹，这才长舒了一口气。

他扯熄电灯，刚回房睡到床上，外面又传来“哗哗”的水声。张英才胸口怦怦地跳得厉害，又翻身起床。老伴说：“这样下去不行，一晚上会不得安生，你干脆把水桶提进房里来省心。”

“这个办法好！”张英才将水桶提进了睡房。

“这下你可以安心睡觉了。”老伴打着呵欠说。

刚躺下，水桶里又传出“哗哗”的水声，他抬头看了一眼，其实什么也看不见，但他感觉是安全的，张英才会心地笑了。不一会儿，睡房便传出了响亮的鼾声，鼾声时长时短、时高时低，成了这个夜晚最美的天籁。

才半个月不见，张超长胖了，脸上一边一朵红云。张英才抱着孙子笑嘻嘻地逗他：“超崽好乖哦，我的超崽是个乖乖哦！”孙子有些认生，挣扎了一下，险些从他手上滑落，张英才头皮一阵发麻。

张英才猛然睁开眼，眼睛使劲眨了眨，半晌才从梦境中回过神来。

“喔喔喔……”一阵嘹亮的长啼打破了夜的寂静。

张英才顿时睡意全无，准备起床 。老伴说：“才鸡叫一遍哩，莫急！”张英才又重新躺下，老伴又说：“你这一夜爬上爬下冇睡安稳，明天有七八十里路要走，身体会吃不消的。”

张英才没有搭腔，眼瞪着帐顶。他还没从梦境中走出来，刚才宝贝孙崽如果掉到地上受了伤，那真是不可想象的事。迷迷糊糊又睡了一会儿，鸡叫第二遍了。窗户上的薄膜像毛玻璃，有些朦胧亮光。张英才再也躺不住，叫了老伴起来。

老伴从鸡窝里掏出几个鸡蛋抓在手上，张英才说鸡蛋留下给超崽吃，自己就吃昨晚上的剩饭。

老伴生火热饭，张英才动手做出门准备。他将 4 条黑壳鲫鱼用一个硬塑料袋带水装好，不能让它们死掉了，活鲫鱼炖汤发奶最有效；又从鸡笼里捉了一只黑母鸡，扎了翅膀，捆了双脚。做完这些，老伴把饭热好了，他去吃饭，老伴打着手电出了门，他三扒两嚼很快吃完了早饭，轻轻掩上大门朝外走。

刚刚立春，乍暖还寒，风吹在脸上十分冰冷。张英才朝菜地走去，远远地看见一个黑影在弯腰干着什么，微弱的手电光像一只萤火虫在她身边翻飞。张英才故意响亮地干咳了一声，以免突然出现吓着老伴。走近了，老伴正朝一个蛇皮袋子里装大白菜、白菜薹、大蒜。

张英才掂了掂蛇皮袋说：“少了，还砍几蔸大白菜。”老伴说：“你人老了，要挑着走七八十里路，太重了，身体会受不住的。”

张英才说：“城里的青菜要花钱买，我多挑一点去，儿子就少花一点钱。”

老伴说：“超崽住在城里不怕水了，就是开销太大，随便吃什么都要钱。”

张英才说：“只要超崽好，多花点钱，我多吃点苦，心甘情愿。”张英才提起菜刀又砍了两蔸大白菜。

回到家，张英才找了根扁担，一头挑着一蛇皮袋白菜，一头挑着土鸡、鸡蛋和鲫鱼。张英才试了试，说一头太重了，不得劲。老伴又找来一个蛇皮袋掏了几棵大白菜出来放在另一头，张英才再上肩试了试，感觉两边一样重了，说蛮好。

老伴叮嘱他挑不动了就休息一下，不要逞强，身体要紧。

张英才没有搭腔。

老伴又说：“到了儿子家，替我向儿媳妇问声好。”

张英才仍然没有吭声。

老伴继续说：“到了儿子家，替我抱抱超崽，说我想他了！”

张英才忽然凶了一句："你好啰唆，超崽才几个月大，何哩晓得你想他了？"

老伴惊愕地张大了嘴，眼泪一下子夺眶而出："我好想看看超崽哩，我昨晚做梦都梦见他了哩。"

"等下次天气好了，你再去看他。"

张英才粗声大气说完这句话，就挑着担子跨出了大门。双脚刚迈出大门，一声悠长的鸡鸣骤然响起。张英才心头一喜：鸡叫三遍了，它在给我送行咧。

天还没有亮透，前几天落了雨，天没有放晴，路上还是溜溜滑滑的，每走一步都要小心。

老伴不放心，抹着眼泪一直在家门前的路上盯着张英才的背影看，直到背影一点点变模糊、变小，最后看不见了。

才走了一里多路，张英才身上就出了汗。他卸下担子，解开棉衣，顺便点上了一支烟。淡淡的烟草味在湿冷的空气中飘荡，激活了这个小山村的黎明。张英才心里着急，他计划要在中午的时候赶到儿子家。他死劲地抽了几口烟，嘴里、鼻孔里浓烟滚滚，仿佛有一堆野草烧着了。烟很快烧到手了，他又吸了一口，这才丢了烟头。他右肩一偏，又挑起了担子继续往前走。

上午10点左右，张英才已走了四五十里路。越靠近城边，路越好走，有的是砂石路，有的还是水泥路，走得更快了。

这时，身后突然传来自行车铃声，张英才连头都没有回，连忙往路边让。但还是避让不及，自行车像一条发了疯的野狗朝他袭来，把装了青菜的蛇皮袋撞飞了。事发突然，张英才猝不及防，扁担从肩上滑落下来，失去平衡，另一头也重重地跌落在砂石路上。

张英才心里一沉，自言自语道："完了，完了！"

他急忙扶起打翻在地的竹篮，30 多个鸡蛋打破了 10 多个。他又气又急，想找骑自行车的人理论，却发现那人把自行车骑得射箭一样快，根本无法追上。

张英才冲着那人的背影，嘴皮急速地颤动，却始终没有出声。

张英才双手从地上捧起打破的鸡蛋，蛋黄和蛋清混在一起，黏黏的、滑滑的。他四处看了看，想收集起来，可实在想不出办法。他十分恼怒地将手中的蛋黄和蛋清摔向地面，冲着那人逃跑的方向声嘶力竭长嚎起来："你这个瞎了眼的，骑车不长眼睛，撞碎了我的鸡蛋就跑了，我如何跟我的超崽交差哦！"

天空阴云飘荡，清冷的寒风像狼舌肆意舔刷着荒野，砂石路上空荡荡的，张英才捶胸顿足，老泪纵横！

张英才是在 12 点进城的。他在城乡接合部的小卖铺买烟时，收音机里正报时，说刚才最后一响是北京时间 12 点整。

进城到儿子家住的橡胶厂还有四五里路，他原计划去赶中饭，中午就让儿媳妇吃上鲜活的黑壳鲫鱼的，现在看来，只怕是赶不上了。来不及多想，他挑起担子健步如飞。

他经常来看孙子，熟门熟路。上了二楼，楼上静悄悄的。张英才心里“咯噔”了一下，平常来在楼底下就可以听到孙子的吵闹声，现在为什么听不到一点动静呢。

儿子家的房门紧闭，他敲了敲门，里面没有反应。他又大声呼叫，还是没有反应。他想，儿子一家也许是上街买东西去了，孙子还小，应该不会走远，也不会在外待太久。

这样想着，心里又暖和起来。

他找了一个薄膜袋子垫在楼梯上坐下，从身上摸出烟和火柴，“吱”一声点上了火。他吸了一口烟，无意中看见自己鞋上沾满了泥巴，已分不清颜色，等会儿进屋会把家里弄脏。他赶紧起身找东西刮鞋，找了一遍，没有找到合适的东西。看见儿子家门口有一把竹扫帚，便拿过来擦鞋。鞋子四周的泥擦干净了，又使劲蹬了蹬，鞋底上的泥也基本清理干净了。可裤子上的泥点密如繁星，一时没办法清除。他又坐回楼梯上，静静地吸着烟。一股寒气突然从胸前电流一般传遍全身，他一个激灵，很响亮地打了个喷嚏。赶路时身上出了汗，现在坐下来了，没有及时扣上棉衣，回了汗。张英才毕竟岁数大了，体质又不好，受了寒，身体反应立竿见影。不一会儿，他便感觉浑身发冷，鼻孔里也流出了清鼻涕，他知道这是感冒了。肚子还在造反，真是又冷又饿。

就在张英才准备吸第二支烟的时候，他听到了楼下的动静，儿子的声音很清晰地传入了耳朵。他身上的每个细胞都兴奋起来，一步跨两级楼梯，急忙下楼。

“超崽！”他大声呼喊，没有人应声，接着又大声喊，“超崽！”

张胜华走在前面，猛然抬头看见了父亲，一脸惊讶：“爸爸，你怎么来了？”

张英才本想搭话，一眼看见儿媳妇手上抱着的孙子，又喜滋滋地大喊了一声：“超崽！”

儿媳妇笑眯眯地叫了他一声：“爸！”嘟着嘴对怀里的儿子说：“超崽，让爷爷抱抱你！”

张英才紧紧抱着孙子，眼睛笑成一条缝：“超崽！乖超崽！”满身的疲惫顿时烟消云散，超崽是他的天哩！

张超的出生给张家人带来了新的希望，张超的成长更是让一家人日夜操心，生怕有个什么闪失。

张超从小体弱多病，但从来没有出现过什么大问题。他两岁那年，得了一场重感冒，张家人上上下下、老老少少都提心吊胆。张超很好动，出汗时，母亲正忙着做饭，没及时给他换衣服，等到母亲发现他咳嗽时已经晚了。母亲心急如焚，非常自责，赶紧把张超抱到医院，医生轻描淡写地说，不要紧，是感冒，过个把星期就会好。

医生开的感冒药有点苦，张超紧咬牙关，不肯吞服。母亲没办法，专门买了一包白糖，将感冒药放在糖水中溶化，然后再哄张超服下。

可能是张超体质太弱，病了一个星期还不见好转，到了晚上还时常发高烧，额头上简直烫手。张胜华夫妻俩紧张得要命，大儿子就是患麻疹后高烧不退夭折的。夫妻俩抱着儿子来到医院，要求让儿子住院治疗。医生说一个小感冒，不需要住院，责怪他们大惊小怪。医生嘴上说不要紧，但还是很认真地检查了一次，说每天来输液就行了。张超怕打针，非常抵触，大叫大闹，折腾了两个多小时，精疲力竭了才打上针。母亲一直抱着，时刻注意儿子的状况，生怕儿子乱动导致血液回管。

回到家，张超的症状似乎有了好转，不哭也不闹，只是干咳。到了晚上，咳得更厉害。张超的喉咙里发出嘶鸣声，母亲急得眼泪涟涟。张胜华心里也没有主意，连夜跑去医院问急诊医生，医生告诉他这是正常现象。母亲见他咳得身体蜷缩成一团，但束手无策，只得将他抱在怀里。说来也怪，抱到怀里一会儿，他竟睡着了。母亲轻手轻脚地将他放到床上，他一下子又醒了，醒来就咳。母亲只得把他重新抱在怀里，累了，张胜华接着抱。就这样，夫妻俩轮流抱着张超，整夜未合眼。

值得庆幸的是，十多天后，张超的感冒终于完全好了，张胜华夫妻却瘦了一圈。

正义少年

>>>

ZHUMENG HAI-TIAN

JI "RENMIN YINGXIONG"

ZHANG CHAO

张超是在跟水这个假想敌对峙的过程中，形成了鲜明的正义感。

张超在一大家子人的万般呵护中渐渐长大，6 岁时，他便开始在岳阳楼区土桥小学读书。1992 年到 1998 年，张超读完了小学。当然，这短短的 6 年时间对于漫长的人生旅途而言不算什么，而对生命止于 29 岁芳华的张超来说，却极为珍贵。

我在 2019 年 3 月一个阳光明媚的上午，走进了土桥小学。迎面墙上一块电子屏吸引了我的目光，上面写着“追寻‘挂像英模’张超学长的足迹，勤奋学习，报效祖国！”。正逢下课时间，满眼都是身着红色校服的学生。有的女学生在跳绳，有的男学生在打球，热闹成一锅粥。温暖的阳光下，每张脸都是红彤彤的，像娇艳的鲜花开在春风里，开遍操场每个角落。

土桥小学党支部书记刘章保热情地接待了我。我说想采访张超当年的任课老师时，刘章保一脸苦笑。他告诉我，此前有很多新闻媒体都来采访过，并提出过同样的要求。20 多年前的事了，张超的所有任课老师都已退休。学校找出人事档案，试图联系当年教过张超的任课老师，结果只有两个：一是因调动原因找不到人；二是找到了人，记忆都模糊了。我在刘章保的帮助下，决定联系张超的小学同学进行采访。

张超在小学时的班级是 44 班。

在张超的小学同学中，刘娅算是关系比较特别的一个。

张超的父亲与刘娅的父亲是橡胶厂同事，两人在一个院子里一起长大。到了上学的年龄，俩人又一起到土桥小学读书，虽然是同一个年级，却不是同一个班。橡胶厂院子里住了近百户人家，土桥小学各个年级都有住在橡胶厂的学生。刘娅说，那时上学和放学，男孩子一拨，女孩子一拨。一个院子里长大的，都认识，但彼此很少交往，男女同学之间坐同一张课桌还画“三八线”，井水不犯河水。

刘娅说，张超学习非常认真。“我属于那种大大咧咧、疯疯癫癫的女孩，学习不认真，只喜欢玩，成绩不好。张超不同，回来就做作业，做完作业再出去玩。有一次，我妈妈批评我，说我同张超一起入学读书，张超读书认真，回来做作业认真，只有我不认真，不争气。我才读三年级，不懂事，在上学的时候，就将我妈妈批评我的话告诉了张超。第二天上学的时候，张超告诉我，他昨天放学回家问了他妈妈，说是他妈妈告诉我妈妈的，张超生了妈妈的气，说不应该说自己的儿子读书认真，让别人听了心里不舒服，要妈妈以后别再说了。”从这件事可以看出，张超从小就很懂事，心地善良。

读四年级时候的一件事，让刘娅一直记在心上。学校举办运动会，有一个女同学参加了长跑接力赛，但临近比赛时，脚扭伤了，老师临时要刘娅顶替去跑，结果只拿了第三名。另外三个同学都埋怨刘娅跑慢了，说本来可以拿第一名的。刘娅平常没有参加训练，是临时顶替上去的，速度不快情有可原，而同学们集体荣誉感太强，一味责备她拖了后腿。刘娅心里很委屈，同学们都走了，只剩下她一个人蹲在地上哭。不知什么时候，张超来到了她身边，问怎么回事。刘娅说了原委，张超安慰她说："你没有参加训练当然跑不赢别人，不要放在心上，下次学校再开运动会，你报名参加训练，比赛时争取拿第一名，做给她们看看，你并不比她们差。"

从这以后，张超跟刘娅走得更近了。

张超一家在橡胶厂前后搬了三次家，条件一次比一次要好。最开始张超一家人住在单位传达室，晚上出来上厕所要绕过一个大操场，再到公共厕所。刘娅的父亲是单位老职工，住宿条件比张超家好多了。她家住家属楼一楼，搞学习的地方是阳台改的。张超有时上厕所看到刘娅家的阳台有灯光，就过来找她聊天，刘娅学习中遇到不懂的问题就问他。

他们之间关系一直很好。俩人一起到岳阳市七中读初中，但仍然没有同班。初中毕业后，俩人又一起在岳阳市七中读高中，这才分到了同一个班，成了朝夕相处的同学。

后来，张超招飞考上了空军航空大学，刘娅没有考上大学。刘娅走上社会后，在岳阳市新华书店上班。有一次张超回家探亲，特意去新华书店看望刘娅，非常开心地告诉她，他有女朋友了，跟她的名字接近，都有一个“亚”字。那天，张超身穿制服，满脸阳光，英气逼人。这一幕，永远定格在刘娅记忆中。

刘刚是张超从小学、初中到高中的同学，他家住花板桥，父母是橡胶厂双职工，条件要比张超家好很多。他是小学三年级转到土桥小学的，恰好同张超一个班。当时，城乡差别很大，有的同学以为张超是农村的，不太与他交往。其实，张超在两年前就随父亲解决了城市户口，只是妈妈还是农村户口。刘刚是外校转来的，同学之间不太熟悉，平常下课了一个人到一旁走走，显得很孤单。张超看在眼里，主动找他玩，也许是惺惺相惜，他们很快成了好朋友。

刘刚个子小，性格活泼，到处惹事。张超要高出他半个头，像个大哥哥一样保护他。一天上体育课，刘刚正在操场水泥台上打乒乓球，校外一个十多岁的孩子进来了。同学们几乎都认识他，他小名叫“调皮蛋”，住学校门口，随爷爷奶奶生活。“调皮蛋”早几年在学校打架致一同学轻伤，被开除了，一直辍学在家。“调皮蛋”无事就到学校转悠，仗着自己个子高欺负学生。他见刘刚个子小，要夺刘刚的球拍。刘刚死活不肯，争夺球拍中，推了“调皮蛋”一掌。“调皮蛋”正想动手打人，体育老师来了，他只得悻悻而去。

张超知道刘刚闯祸了，“调皮蛋”不会善罢甘休。放学了，张超便同刘刚结伴回家。刚出校门，“调皮蛋”眼露凶光拦住了刘刚。张超一把扯过刘刚，自己挡在前面。张超的个子虽比“调皮蛋”稍微矮一点，但却有着一副大义凛然的神情。“调皮蛋”眼里喷着火，警告张超莫管闲事。张超说：“你这么大的人了，欺负一个小学生算什么本事？”“调皮蛋”恶声恶气地说：“他先得罪我。”张超说：“他没有得罪你，他上体育课打乒乓球，是你抢他球拍，扰乱了我们的上课秩序。”“调皮蛋”理屈词穷，张超说：“你下次真想打乒乓球，放学了去找我，我陪你打，我还会打篮球。”张超说得在理，又讲义气，“调皮蛋”哑口无言，乖乖让出了道。

老师和同学们一致反映，张超从小就有很强的正义感，好打抱不平。我想，张超在校内的表现特别突出，那他在校外的表现怎么样呢？

我决定找岳阳橡胶厂几位老领导采访。

从 1983 年起，陈继岳就担任岳阳橡胶厂厂长，直到前几年退休。谈起张超，他的话语间充满了惋惜。

陈继岳说，张胜华一家人搬进橡胶厂时，张超才一点点大。张胜华来自农村，忠厚老实，但他有电工、机械技术，积极上进，厂里领导对他十分看重，对他一家也十分关照。

张超从小很乖巧，话不多，但有一件事让陈继岳记忆犹新。大概是张超七八岁在土桥小学读书的时候，有一天去上学，张超发现同住一个院子里的两个高年级同学在废品收购店卖废品。他走近一看，全是机械零部件。他看在眼里，急在心里，爸爸在修理车间上班，他平时去过车间，见过那样的机械零部件。他猜想，这些东西一定是从车间偷出来的。放学回家后，他告诉了爸爸。爸爸跑到车间一看，发现有几个机械零部件不见了。张超带着爸爸来到了废品收购店，爸爸一眼就认出了车间丢失的机械零部件。

“张超的爸爸将情况报告给了我，我查明情况后，上那两个学生伢子的门找家长，要求批评教育，下不为例。我们是集体企业，经济效益又不太好，机械零部件是花高价从外面购买回来的，如果做废品卖，不值几个钱，多可惜啊！最主要的是，如果生产车间机械出了毛病要换零部件，零部件被盗了，耽误了生产，损失就大了。”

岳阳橡胶厂工会原主席赵启厚说：“张超那伢子从小跟其他孩子有些不一样，当时橡胶厂跟张超年龄差不多的伢子有十几个，都在读小学。日子一长，我发现张超这伢子有三个特点格外突出：第一个是正义感强。公家的、私人的分得清清楚楚，看见别人损坏公家的东西，能大胆站出来。第二个是嘴巴乖。不管是碰见年长的还是年轻的，隔老远就大声打招呼问好，非常有礼貌。第三个是热爱学习。他家来自农村，家庭条件很差，但他从不跟别人攀比，学习劲头很足。”

有一件小事，让赵启厚印象深刻。

赵启厚介绍，那个时候，工厂里面淘汰下来的旧设备、废铁等物品，一时半会顾不上处理，就堆放在厂区。因为值不了几个钱，就没人看管，也没有具体的数量。厂里有一种补轮胎的胶，这种胶是长方形、固体的，十几块钱一斤。有一次，他在厂门口碰到了放学回来的张超，张超告诉他，他看见外面的人进来从厂里偷了胶出去了。他问是什么人，张超说是大人，不认识。他表扬了张超几句，要他下次看见有人偷胶就喊厂里的人来抓。他说，张超从小就有爱厂如家的思想。其实，像厂里小孩偷机械零部件出去卖之类的事时有发生，但很少有小孩检举报告，但张超只要发现了就报告，这既是一种正义感的体现，更是他爱厂如家的表现。小小年纪，有这样的思想境界，实在是难得。

张超从小就具有很强的正义感，这让人深思。我边采访边寻找答案，并就此问题同张超的父亲张胜华进行了一次深入探讨。我们达成了共识，认为张超性格的养成，主要是受遗传基因、家庭环境和自然环境的影响。

张胜华说，血脉传承多少影响了张超。他们祖孙三代都一个性格，都是直性子，正直善良。科学研究表明，人的性格主要遗传自父母。因此，我们常常发现熟悉的人的性格，同他父母高度相似，这是先天形成的。

但家庭环境却决定一个人性格的发展——朝好的方面或者

朝坏的方面。张超正义感强的性格与家庭环境紧密相关。父亲张胜华出身农村，当时城乡差别大，来城里闯天下后，遭受了很多冷眼，甚至侮辱。他经常在儿子面前唠叨，儿子幼小的心灵受到影响，打上了深深的烙印，痛恨社会不公，憎恨丑恶的社会现象。在父母的教导下，张超从小就疾恶如仇。

自然环境对人的性格影响带有普遍性，相关研究对此早有定论。更重要的是，我们都是此定论的参与者和论证者。我们都有这样的体验：南方人和北方人的性格普遍不同。这或多或少是受气候和地理环境的影响。南方人往往含蓄细腻，北方人则粗犷豪迈。

张超确实具有南方人的含蓄细腻，他的这种性格在自然环境的影响下，更确切地说，是在跟水这个假想敌对峙的过程中，形成了鲜明的正义感。

岳阳曾有“龙城”一说，龙遇水则兴，意思是说岳阳是一座水城。岳阳确实水多，南有自东向西流的汨罗江，北有一泻千里的长江，西有烟波浩渺的洞庭湖。水是大地之母，滋养着万物，世界因此千姿百态、生机勃勃。水是人类的恩人，可张超，包括他的家人和亲人，都视水为猛兽。在张超看来，水夺走了他两个哥哥的生命，更是深仇大恨的宿敌。不管他懂与不懂，这种观念从他蹒跚学步时父母就在不厌其烦地向他灌输。张超生活在被水包围的城市，在将水作为假想敌的过程中，在亲人潜移默化的影响下，他心里形成了非常清楚的是非概念：水是老虎会“吃”人，不准玩水，远离水源。久而久之，这种是非概念成为他人生坚守的信条，融入血脉，形成了性格。这种是非分明的性格，在父母的教育引导下，完美地化身成了正义感，影响了他的人生。

有研究指出，一个人的性格在5岁之前就形成了。当一个人刚出生时，是没有好人与坏人之分的，谁也不知道长大后会成为什么样的人。当他慢慢长大，他的性格会受生活环境的影响逐渐形成。民间流传的俗话“三岁看大，七岁看老”“人看其小，马看蹄爪”，说的都是一个道理，一个人从小的性格影响一生。

每个英雄的成长背后，都有一些异于常人的经历，逆境锤炼性格，性格决定命运。

应该说，这就是我由表及里寻找的答案。

润物细无声

>>>

ZHUMENG HAI-TIAN

JI “RENMIN YINGXIONG”

ZHANG CHAO

吃苦在前，享乐在后，这句话成为孕育他无私奉献、崇德向善等高尚道德品质的河床。

岳阳市七中是岳阳市教育体育局直属完全中学，1982年建校，校园面积103亩。1998年，该校加挂“岳阳市音乐学校”校牌。学校办学特色鲜明，以音乐艺术教育见长，教学成果丰硕，相继被评为全国学校艺术教育先进单位、中国百强特色中学、湖南省高考招飞先进单位、湖南省文明单位。

从校门进来，走过一片不大的操坪，迎面便见三排高大的香樟树——这些树是建校时栽下的。香樟属常绿大乔木，很有雄性味道。树冠如手臂伸向天空肆意舒展，枝繁叶茂，浓荫蔽日，气势雄伟，是优良的行道树和庭荫树。进入秋季，如逢一夜大风，第二天便可见香樟树的树叶铺满路面，仿佛是香樟对秋天深情的告白。

在这里，曾有过这样的一幕。

这天上午，天空蔚蓝如洗，几朵白云优雅地轻舒广袖。

王炜老师满面笑容走进了教室。她毕业于湖南师范大学汉语言文学专业，30多岁，个子高挑，体态端庄。

昨天下课时，她给同学们布置了三道课外作业题，这三道课外作业题实际上是今天课堂内容的预习。

“同学们，谁来回答第一个问题，郭沫若是怎样的一个人？”

同学们争先恐后地举起了手。一名男同学举手时故意用胳膊肘重重地撞击在课桌上，弄出了很大的动静，吸引了王老师的目光。

王老师微笑着点名要他回答。

他挠了挠头，有些不好意思地站了起来：“郭沫若生于1892年，死于1978年，原名郭开贞，笔名郭鼎堂等。”

他眼望着天，一口气说完后，再把目光投向王老师。

“还有吗？郭沫若有些什么成就？”

他又挠了挠头，眼望着天说：“郭沫若是中国新诗的奠基人之一、中国历史剧的开创者之一、考古学家。曾经参加过北伐战争和南昌起义，后来被国民党政府通缉，流亡日本，著有《甲骨文字研究》等重要学术著作。”

王老师满意地点了点头，说他能背诵出来，可见下了功夫，提出表扬。

王老师提出了第二道课外作业题：什么是话剧？

这次，王老师点名要一名举手的女同学回答。

这名女同学双手端着本子照本宣科：“话剧指以对话方式为主的戏剧形式，19世纪末20世纪初来到中国。话剧主要叙述手段为演员在台上无伴奏的对白或独白，但可以使用少量音乐、歌唱等。话剧是一门综合性艺术，剧本创作、导演、表演、舞美、灯光、评论缺一不可。”

王老师对这名同学也给予了表扬，接着提出第三道课外作业题：屈原是个怎样的人？

王老师眼前，又是齐刷刷的手臂“树林”。

张超一脸笑容地看着王老师，展现出来的是满满的自信。王老师点名要他回答。

张超站起身，眼睛时不时瞟一下笔记本，十分从容地说：“屈原出生于约公元前 340 年，是战国时期楚国诗人、政治家。 屈原是中国历史上第一位伟大的爱国诗人，主要作品有《离骚》《九歌》《九章》《天问》等。他创作的《楚辞》是中国浪漫主义文学的源头，与《诗经》并称‘风骚’，对后世诗歌产生了深远影响。同时，屈原也是楚国重要的政治家，后来遭到贵族子兰、靳尚等人的谗害而去职。顷襄王时，被流放至沅湘流域 。公元前 278 年，秦将白起攻破楚都郢，屈原悲愤交加，怀石自沉于汨罗江，以身殉国。”

王老师表扬张超资料收集完整，重点突出，学习态度十分认真。

然后，王老师转入正题。

“话剧《屈原》写的是战国时期楚国爱国诗人屈原与楚国奸臣出卖祖国的无耻行径进行斗争的故事，歌颂了屈原崇高的爱国思想，是郭沫若先生于1942年创作完成的。当时是抗日战争相持阶段，日本帝国主义已侵占了中国的半壁河山。在国难当头、民族存亡之际，国民党却于1941年1月偷袭新四军，致使新四军9000余人血战七昼夜，大部分壮烈牺牲和被俘，这就是震惊中外的‘皖南事变’。为此，周恩来写下了‘千古奇冤，江南一叶，同室操戈，相煎何急’的诗句。郭沫若就是在这种背景下创作了《屈原》。作者通过屈原对楚怀王绝齐亲秦、甘心投降行为的谴责，借古讽今，以炽烈的爱国主义激情揭露和控诉了国民党政府对外消极抗战，对内积极反共，迫害抗日志士的政治阴谋。整部剧作充满革命浪漫主义精神，是抗日战争时期的优秀剧目之一。今天我们学习的《雷电颂》是话剧《屈原》中的第五部分，只是一个片段。

“同学们，两千年前的屈原不忍看到生灵涂炭，而选择了纵身一跃，跳入汨罗江。我们设想一下，两千年后，他如果看到悲剧重演，看到列强的铁蹄踏碎了我们的半壁河山，看到当权的顽固派在国难当头之时却发动事变，把枪口对准那些誓死卫国的同胞，他心中该涌起怎样的万丈狂澜？今天我们就走近屈原，去聆听他的心声。”

“同学们，现在跟着我朗读一遍。”王老师声情并茂地大声读道，“ 风！你咆哮吧！”

全班同学跟着齐声朗读，王老师皱起了眉头。

“咆哮吧！尽力地咆哮吧！”

全班同学又跟着齐声朗读。

“同学们，你们这样朗读不行，说明你们没有理解作品，没有理解屈原的内心。我们每个人都要把自己想象成屈原，朗读时要像我一样，激情澎湃，语气铿锵，将内心压抑的感情像火山一样喷发出来！”王老师左手拿着课本，右手高高举起，语音高昂，仿佛在激情呼唤：“风！你咆哮吧！”

“风！你咆哮吧！”45张嘴发出同一个声音，仿佛春雷滚滚，排山倒海，震得窗户嗡嗡作响。

“嗯，很好！”王老师满意地笑了。

“咆哮吧！尽力地咆哮吧！在这暗无天日的时候，一切都睡着了，都沉在梦里，都死了的时候，正是应该你咆哮的时候，应该你尽力咆哮的时候！”

……

王老师朗读一句，同学们跟着朗读一句。如果说王老师一个人的朗读是风、是雷、是电，那么，全班45名同学的集体朗读就是横扫千军的狂风、金蛇狂舞的闪电。

王老师总结说，《雷电颂》中，风雷电象征人世间追求正义、光明的变革力量。对风雷电的歌颂，表现了诗人已与风雷电完全融为一体，达到物我同化的境地，显示了屈原追求光明、毁灭一切黑暗力量的决心，屈原的形象也已成为光明与正义的化身，一个千古不朽的爱国者形象跃然纸上。

下课铃声响了，王老师又布置了两道课外作业题。

放学回家，张超抑制不住激动的心情，学着王老师教的方法大声朗读《雷电颂》。

“……鼓动吧，风！咆哮吧，雷！闪耀吧，电！把一切沉睡在黑暗怀里的东西，毁灭，毁灭，毁灭呀！”

母亲在默默地做饭，时不时瞄儿子一眼，脸上洋溢着幸福的笑容。

张超手舞足蹈朗诵完，母亲端过来一杯茶。

“超崽，你读的什么课文，从头到尾都是风啊雷啊电啊，吓死个人。”

“妈，这是我今天学习的课文，《雷电颂》。”

“哦，还有这样的课文？”

“是的，歌颂屈原爱国的。”

“汨罗也有个古人叫屈原，是不是这个屈原？”

“是的是的，妈，你也晓得屈原，真厉害！”

“超崽，你这是挖苦我啊，不要嫌弃妈妈文化水平低。”

“没有没有。”张超摆着双手说。

母亲坐下来，很认真地说：“如果真是汨罗的屈原，妈还晓得他是爱国主义诗人，每年农历五月初五端午节就是为了纪念屈原设立的。屈原听到自己国家的国都被秦军占领后，非常痛心，心如刀割。他怀里抱块石头跳入了汨罗江，以身殉国。当地老百姓听说后，划着龙舟去打捞屈原的尸身，为了避免鱼虾吃掉他的尸身，就将粽子丢到江里。这是一种习俗，听说有两千多年哒。”

“妈，你晓得这么多啊，真了不起！”

“人人都要爱国，像屈原这样的人值得学习和尊敬。”

张超两眼放光，像是第一次认识母亲，觉得母亲真的好伟大！

母亲忙碌去了，张超又开始大声朗读。

父亲下班回来，还在门外就大声说：“超崽，你在搞什么，隔几条街都能听见你在喊叫！”

张超抬起头，看见父亲回来了，忙起身，笑眯眯地说：“爸，我在读今天学的课文。”

父亲说：“读课文需要这么大的声音吗？你平常读课文声音好小的，像蚊子叫一样。”

张超说这是老师要求这么朗读的。

父亲有些好奇，拿过儿子的课本。

张超指着课文说：“就是这篇，《雷电颂》。”

父亲瞄了一眼说：“我读初中的时候也学过，朗读的时候确实要带着激情。”

张超十分兴奋地说：“爸，你学习这篇课文老师布置课外作业没有？”

父亲说：“20多年了，我怎么还记得？”

张超说：“王老师布置了两道课外作业，有一道是弄清屈原与岳阳的关系。”

父亲高中毕业，做初二这道语文题不会太难。他匆匆浏览了一遍课文后，问儿子：“你先说说看有哪些关系。”

张超说：“课文里说到了汨罗江、洞庭湖、长江，都与岳阳有关系。”

父亲告诉儿子，这个关系是地理关系。汨罗江在岳阳南面，洞庭湖在岳阳西边，长江在岳阳北方。汨罗江发源于江西省修水县的黄龙山，由于东、南、北三面高，西面低，自东向西流经平江县、汨罗市，最后流入洞庭湖。一般来说，中国的河流大都是自西向东流的，像汨罗江这样自东向西流的十分罕见。

父亲特别强调，还有一个关系，就是相传端午节是为纪念屈原而设立的，端午节起源于汨罗江。

听了父亲的讲解，张超豁然开朗，汨罗江就在他老家南面不远的地方日夜流淌。在那么一瞬间，他感觉屈原似乎就是一个远方的亲人。

父亲知道得这么多，张超对父亲肃然起敬，他对明天怎样答题充满了信心。

父亲又问儿子还有一道课外作业是什么，张超说是写这篇课文的读后感。

父亲问：“怎样写你心里有数没有？”

张超说：“还没有想好。”

父亲说："莫东想西想，你只写一个体会就行。"

张超说："什么体会？"

父亲说："两个字：爱国。屈原是在听说自己的国家快灭亡后投江的，这就是证明。"

张超说："为爱国自杀，真是少见。"

父亲说："屈原品德高尚，这里不叫自杀，叫为国捐躯。任何一个人为国捐躯、为国牺牲都是值得学习和尊敬的，都会流芳百世！"

父亲说得句句在理，张超很佩服，竖起大拇指称赞说："爸，你真棒！"

第二天上语文课，王老师点名要张超回答屈原与岳阳的关系。

由于事先得到了父亲的指点，张超信心满满地作了回答。

王老师肯定了张超的回答，但也指出还有不完善的地方。她说："屈原出生于湖北秭归，葬于岳阳汨罗江畔，岳阳是他的第二故乡。他创作的《离骚》《九歌》《九章》《天问》等诗篇，铸造了光争日月的伟大人格精神，他为此获得了中国历史上第一位伟大的爱国诗人桂冠，为中华民族树立了一座千古不朽的爱国主义丰碑。1994 年 1 月，岳阳被国务院公布为国家历史文化名城，屈原铸造的爱国主义精神高地，极大丰富了岳阳这座历史文化名城的内涵。”

王老师接着要张超谈读后感。

张超说：“诗人呼唤与歌颂风雷电这些伟大的自然力，表达了对黑暗的愤激和对光明的礼赞与向往，同时也表达了屈原强烈的爱国主义情怀。我想到了初一学的《最后一课》，通过描写最后一堂法文课的情景，刻画了小学生小弗郎士和乡村教师韩麦尔的典型形象，反映了法国人民深厚的爱国情感。由此我认为，无论是古人还是现代人，无论是中国人还是外国人，每个有良知的人都是爱国的，每一个爱国者都是值得我们学习的。我们从小就要树立爱国理想，努力学习，长大了为建设祖国作贡献！”

“好！非常好！”王老师由衷地称赞。

时光如白驹过隙，转眼间，两个月快过去了。

这天的第一节课就是语文课。

语文课上到了第六单元，正式学习新课文之前，王炜老师照例要同学们回答昨天布置的课外作业。这些课外作业是今天新课文的预习，同学们回答完后，王老师转入了正题。

她说：“今天我们学习《岳阳楼记》。正式开始学习前，我们要弄清楚三个问题：范仲淹是个什么人？他在什么样的背景下写的《岳阳楼记》？岳阳楼的来历是怎样的？”

同学们纷纷举手回答。

王老师说："作为一个岳阳人，我相信同学们都去过岳阳楼，但知道岳阳楼来历的同学不太多。岳阳楼楼址在我们岳阳市西北洞庭湖边的巴丘山下，其前身是三国时期吴国都督鲁肃的阅兵台。唐玄宗开元四年，也就是公元716年，张说在阅兵台旧址建造楼阁，取名'南楼'，又名'岳阳楼'。

"同学们，《岳阳楼记》是千古传诵的名篇，不仅立意高远，而且文采斐然，句式于整齐中见变化，尤其便于朗读。大家一定要多朗读、熟记，学习完课文后，每个人都要能背诵出来。

"现在，请同学们听我朗读一遍。

"庆历四年春，滕子京谪守巴陵郡。越明年，政通人和，百废具兴，乃重修岳阳楼，增其旧制，刻唐贤今人诗赋于其上……"

王老师逐字逐句解释后总结说，这篇文章叙述了事情的本末源起，通过描绘岳阳楼的景色及迁客骚人登楼览景后产生的不同感情，表达了作者范仲淹"不以物喜，不以己悲"的旷达胸襟与"先天下之忧而忧，后天下之乐而乐"的政治抱负；表现了作者身居江湖却心忧国事，虽遭迫害却仍不放弃理想的顽强意志；激励我们要以天下为己任，树立崇高的理想，拥有宽阔的胸襟。同时，也表现出了作者高尚的爱国情怀。

张超读小学五年级时，学校组织去岳阳楼参观过一次。一个漂亮的讲解员姐姐负责接待他们，她用一根透明的筷子一样的塑料棒点着《岳阳楼记》牌匾讲解。她看着同学们，并不看牌匾，十分流利地背诵了《岳阳楼记》。张超心里像藏了一只小兔子，跳得老高。他觉得讲解员姐姐真是酷极了，他想，如果他也能潇洒背诵就好了。讲解员姐姐最后说："同学们，你们读《岳阳楼记》，一定要记住里面的一句话：'先天下之忧而忧，后天下之乐而乐。'这是文章的精华，'先忧后乐'既是一种崇高的境界，更是我们的人生追求。我们岳阳宣传的'岳阳精神'是'先忧后乐、团结求索'，可见忧乐精神的重要。"

上到岳阳楼二楼，他惊讶地发现这里也悬挂着《岳阳楼记》的牌匾，同一楼的几乎一模一样。讲解员姐姐告诉他，一楼的是仿制品，二楼的才是真迹。张超仔细一看，果然有差别，眼前的字个个鎏金，在太阳光的反射下熠熠生辉。

王老师讲解《岳阳楼记》，让他心潮澎湃。两年前的一知半解在今天找到了答案。回到家里写完作业后，他开始朗读《岳阳楼记》。

父亲下班回来，见儿子在朗读《岳阳楼记》，心里暖暖的。

"超崽，老师是不是要你们背诵《岳阳楼记》？"

"是的，爸，你怎么知道的？"张超一脸惊讶地望着父亲。

“这是经典名篇，我读初中时也学过，老师也要我们背过，只有300多个字，容易记住。”

父亲这样说，张超来了兴趣，笑眯眯地问父亲：“你现在还能背吗？”

“二十多年了，背不出了，如果现在读几遍应该能背出来。”

张超说：“那你看两遍试试？”

为了不扫儿子的兴，父亲接过儿子的课本认真默读起来。

母亲端来一杯茶轻轻放在父亲面前：“我建议你们父子来个比赛，看哪个厉害些。”

父亲伸手端起茶喝了一口说：“我经常去岳阳楼，去一次读一次《岳阳楼记》，超崽不一定赢我。”

父亲默读了两遍，将课本递给儿子说：“差不多了。”

“庆历四年春，滕子京谪守巴陵郡。越明年，政通人和，百废具兴，……至若春和景明，波澜不惊，上下天光，一碧万顷，沙鸥翔集，锦鳞游泳，岸芷汀兰，郁郁青青。……不以物喜，不以己悲，居庙堂之高则忧其民，处江湖之远则忧其君。是进亦忧，退亦忧。然则何时而乐耶？其必曰‘先天下之忧而忧，后天下之乐而乐’乎。噫！微斯人，吾谁与归？”

“老爸，几乎一字不差，你真是太厉害了！”

“爸爸高中毕业，也算是一个喝过墨水的人，作为一个岳阳人，熟读、背诵《岳阳楼记》是情理之中的事。”

张超觉得爸爸真了不起，眼里露出崇拜之情。

“刚才你妈说我们父子比赛，现在轮到你了。”父亲摸出一支烟正准备点燃，说，“你读了几遍？”

张超告诉父亲，课堂里读了两遍，回家后还只读了一遍。父亲让他再读两遍。

张超默读了两遍后，将课本递给父亲。父亲接过课本，放在桌上。

“庆历四年春，滕子京谪守巴陵郡……”张超一口气背诵下来，中途只是偶尔停顿了几下。

“还不错！你从小记性就好，我晓得难不倒你。”

得到了父亲的表扬，张超开心地笑了。

父亲说：“《岳阳楼记》是千古名篇，不但要背诵，还要弄懂。里面的经典句子一定要理解——‘先天下之忧而忧，后天下之乐而乐。’这句话告诉我们，要心忧天下，吃苦在前，享乐在后。范仲淹这个思想的产生与他的人生经历是分不开的。范仲淹幼年丧父，四岁时随继父迁到外地。他从小发奋读书，家里条件不好，十分节俭。有一次，他用小米煮粥，粥隔了一夜凝固后，用刀切为四块，早晚各食两块，吃的菜也是坛子里的腌菜。范仲淹长大成年后，又到一个书院读书，冬天读书疲倦发困时，就用冷水洗脸，没有东西吃时，就喝稀粥度日，从不叫苦。经过苦读，范仲淹终于进士及第，官至参知政事。所以，一个人要有志向，要有奋斗目标，吃点苦不要紧，苦尽甘来，先苦后甜。”

张超问父亲怎么知道得这么多；父亲说，他喜欢看书，书上说的。俗话说“人从书里乖”，人活在世上就是要多读书，读书改变命运。

张超点了点头：“我记住了！”

“好雨知时节，当春乃发生。随风潜入夜，润物细无声。”正是在张超世界观、人生观、价值观形成的关键时期，初二下学期的这两篇课文，启迪了他的心智，开阔了他的视野，构建了他人生追求的精神高地，对他的一生产生了持久深远的影响。屈原有心报国，却无力回天，只得怀石投江，这种以死明志的崇高爱国精神让他震撼，他懂得了爱国高于一切，为了国家宁愿献出生命也在所不惜的道理。《岳阳楼记》中“先天下之忧而忧，后天下之乐而乐”的金句，让他铭记在心。吃苦在前，享乐在后，这句话发人深省，闪耀着理想的光芒，成为孕育他无私奉献、崇德向善等高尚道德品质的河床。

阳光男孩

>>>

ZHUMENG HAI-TIAN

JI "RENMIN YINGXIONG"

ZHANG CHAO

"张超给我印象最深的是他的微笑，
那种笑是发自心底，自带光芒的。"

张超初中毕业后，继续在岳阳市七中读高中。高一时，张超又遇上了一位美女老师，叫童香媛，当班主任，教历史。

2019年1月28日上午，在岳阳市七中旁的一个茶楼里，我同童香媛相约见面了。她一头披肩长发乌黑发亮，脖子上围着一条英伦风格的格子长围巾，显得时尚大方。

"张超给我印象最深的是他的微笑，那种笑是发自心底，自带光芒的。"童香媛开门见山地说。

2004年下学期的一天，张超刚考上空军航空大学，他特地来看望童香媛老师。张超脸上的笑容比阳光还灿烂。童香媛情不自禁地给了他一个大大的拥抱："张超，你是老师的骄傲！""我有今天，全是老师悉心培养的结果，我会一辈子记得！"张超笑吟吟地说。"懂得感恩，又勤奋努力，我相信你会有一个非常好的未来。"童香媛祝福他。"谢谢童老师！"张超紧紧握住了童香媛的手。

童香媛回忆了一个温馨的画面，眼里泪花闪烁。沉默了一会儿，她从提包里掏出一个淡黄色本子说："关于张超的记忆，这本子上全有。”

我接过本子一看，封面上方印有“班工作手册”几个红色美术字，中间是“第64班”，下方是“二〇〇二年上期”。翻开封面，扉页上是黑色的美术字“忠诚党的教育事业”。看到这一行字，我的心像被什么东西重重地击打了一下，眼里湿润了，我想到了我短暂的教书经历。当年高考落榜后，我回村当了民办教师，教五年级语文，当班主任。学校里发了一个塑料壳封面的学习笔记本，我拿到笔记本的第一时间，就在扉页上极其认真、极其虔诚地写下了一行字：“忠诚党的教育事业。”听说我也当过几年老师，童香媛的眼里倏然射出一道亮光，我感觉我们之间一下子拉近了距离。

在“班干部及科代表名单”中，我看到了张超的名字，职务是“纪律委员”。

在一次家长会上，童香媛向家长们介绍学生的学习情况时，分三个层次介绍了学生：进步奖、综合奖、口头表扬。在“口头表扬”一栏，又分为三个层次：学习认真、进步大及工作认真。“工作认真”只表扬了两个人，张超便是其中一个。

我又看到“教室座位表”，全班59个人，张超坐左边第三排。我笑着说：“张超是班上的纪律委员，同他‘工作认真’的表现蛮相符的。”

童香媛介绍，她发现张超善于团结同学，严格遵守课堂纪律，便指定他为班上的“纪律委员”。

有一次全班搞大扫除，一个姓王的男同学打扫教室，移动课桌时，不慎将一个同学的课桌弄翻了，课桌里的书全部掉到了地上。坐这张课桌的是一个姓吴的男同学，他指责王同学把自己的书弄脏了。王同学一肚子委屈，说：“你凶什么凶？我又不是故意的。”吴同学身体壮实，比王同学要高出半个头。他骄横地说：“我凶了就凶了，你能怎么样？”王同学被激怒了，举起扫帚就要打人。他刚举起扫帚，就被人从后面夺了过去。王同学转过身，见张超把他的扫帚拿在了手上。张超说：“同学之间，有什么问题不能解决？非要骂人打架吗？”张超问清了原委，弯腰将课桌扶起来，把书一本一本捡起来，并拍去书上的灰尘，然后将书整整齐齐码在课桌上。等到班主任童香媛得知此事走进教室时，张超已经化解了矛盾。

童香媛说：“在我的印象中，张超是个很有正义感、关键时刻敢作敢为的人。”有一件事，童香媛记得特别清楚。有一次自习课，一个同学找旁边的同学大声讲话，影响了其他同学。她刚好从外面进来，发现了这个情况，就迅速走到这名同学身边制止他。这名同学的家境比较好，家里平常什么事都依着他。他哪里听得了老师的批评，当即站起来骂童香媛。一个学生当着全班同学的面骂老师，童香媛还是第一次遇见，她非常气恼，跟这名同学讲道理。这名同学的个子高出童香媛半个头，他暴跳如雷，还要动手打人。全班同学都看在眼里，几个胆大的女同学迅速来到童香媛身边保护她，纷纷指责这名男同学。这名男同学嘴里还是骂骂咧咧，不依不饶。关键时刻，张超纵身越过几张桌子，紧紧拉住了这名男同学。事后，张超跟这名男同学做思想工作，让他认识到自己的错误，主动向老师赔礼道歉。

童香媛笑着说："纪律委员也有违纪的时候，张超毕竟只有16岁，还是个半大的孩子。"童香媛的"班工作手册"上记得清清楚楚：2002年3月29日，张超迟到，谈话批评。

原来，张超因家庭条件不好，经常不带午饭上学。带了饭的同学可以很从容地在学校吃饭、休息，而他只能中午放学了赶紧骑着自行车往家跑。从学校到家里有五六里路，有水泥路也有砂石路，骑车差不多要一刻钟。那天回到家里，母亲的饭还没有熟。等他吃完饭，快到学校时，他听到了上课的铃声，他一路飞奔到教室，最后还是迟到了3分钟。

童香媛介绍，严格意义上来说，张超上课没有迟到，只是读报时间迟到了。下午上第一节课前，安排了5分钟的读报时间。学校规定读报时间2分钟后进教室的算迟到，张超是3分钟后进教室的，实际上他只迟到了1分钟。

这一分钟像烙铁一样在张超记忆中烙下了深深的印痕。下课后，童香媛将张超叫到办公室，只是轻描淡写地问了下情况。一个纪律委员居然违纪，以后怎么去开展工作？张超十分自责。能够发现自己的错误是一种清醒，能够改正自己的错误是一种能力。响鼓不用重槌敲，在以后的人生中，守时成了张超坚守的信条。

童香媛说，这是张超一年中唯一的一次迟到。迟到的原因不是他在上学路上玩耍去了，而是路程太远，他赶不及。现在想起这件事童香媛的心里还是很难受。因为带午饭到学校吃，母亲就要给他另外做两个好点的菜，一学期算下来这也是一笔不小的开支。张超不想增加父母的负担，坚持跟父母一起吃一日三餐。如果张超也能像别的同学一样带饭到学校吃，怎么也不会迟到啊！说到这里，童香媛一脸心疼和后悔！

我见童香媛钢笔字写得特别好，便问她能不能写几句话，作为对张超的怀念，对所有中小学生的激励。

童香媛点了点头，思考片刻，便在我的采访本上写下几行隽秀飘逸的字：

学习张超

追逐梦想

建设祖国

童香媛

2019 年 1 月 28 日

为了心中的飞行梦

>>>

ZHUMENG HAI-TIAN
JI "RENMIN YINGXIONG"
ZHANG CHAO

这次去舅舅家，

张超播下了当飞行员的梦想的种子。

时光匆匆，似乎转眼间，高一的学习生活结束了。

高二报名时，张超才知道已换了班主任老师。班主任老师叫张随生，中等个子，身体结实，比较严肃，给张超留下了非常深刻的印象。

2019 年 1 月 23 日，我采访了张随生老师。他自我介绍，他毕业于岳阳师专数学系，从参加工作起就在岳阳市七中教书，已有 35 年了。其中，当班主任 30 年，任年级组长 20 年。在他的带领下，2010 年 12 月，岳阳市七中高中数学组被评为湖南省首届优秀教研组。

班主任老师换了，但张超的班干部身份没有换，仍然是班上的纪律委员。

“张超这伢子除了俭朴、勤奋、体贴外，他还有两个很明显的优秀品质，一个是正义感强，另一个是很有工作方法。”张随生为了证明自己的说法，跟我讲了一件事。

班上有两个男同学，关系很好，其中，王同学家里条件很好，朱同学家里条件比较差，王同学经常帮助朱同学。有一天，王同学热情邀请朱同学去他家吃饭，并在他家留宿。

哪知第二天，朱同学走后，王同学的妈妈发现家里值钱的金银首饰不见了，价值两万多元。妈妈问王同学有没有拿，王同学说没有。那几天家里只来了朱同学一个外人，王同学的爸爸分析后，认为只有一种可能，东西是朱同学偷走了。王同学的爸爸妈妈来到学校，找到班主任张随生反映情况。张随生听后，觉得这件事的性质十分严重。他马上叫来朱同学问情况，朱同学矢口否认。

王同学的爸妈坚持要报案，张随生赶紧给王同学的爸妈做工作：这事不要报案，如果报了案，就会造成很大的影响。派出所介入，如果东西真的是朱同学拿了，一定会惩罚朱同学，那朱同学这一辈子就毁了，能不能让他先处理。

“可怜天下父母心”，王同学的爸妈觉得张随生说得有道理，一个十几岁的孩子一时冲动犯了错，只要改正，还是可以被原谅的。

张随生知道张超平时在班上比较活跃，同学关系处理得比较好，又是班上的纪律委员，便将“破案”任务交给了他。

张超是班上的纪律委员，找朱同学有正当理由。班上开展卫生大扫除活动，张超让朱同学协助他管理同学们的纪律，有意识地让朱同学感受到纪律的约束，触动他的内心。有几次下课后，张超主动找朱同学谈理想、谈人生。张超说，他的理想就是成为一名飞行员，驾驶战机飞上蓝天，保卫祖国。但要真正成为一名飞行员，是非常难的，光体检项目就有 100 多个，如果有一项通不过，他的飞行员梦就会破灭，每一个项目都很关键。他接着说，人生也是一样，一步都不能走错，错了一步，梦想就不能实现，还有可能毁了一生。

朱同学本质并不坏，只是家境贫寒，羡慕别人家的富有，看到王同学家的金银首饰随意放着，便顺手牵羊了。

张超的话在朱同学心里掀起了波澜，他终于认识到自己的错误，主动将东西全部归还。

张随生说，如果不是张超出面做工作，换了他面对面地去问，朱同学根本不会承认，也达不到这个效果。

“张超会做人，很注意方法，为我这个班主任担了责，解了难，确实很不错。”

高三开学不久，张超在校园里终于看到了盼望已久的招飞公告。当他看见“飞行员”三个字时，脑海里立马闪现出电视里的镜头：戴着头盔的飞行员跨进战机，然后战机轰鸣着跃上天空，在蓝天白云间潇洒地翱翔。

张超的当兵梦最早源于他舅舅。舅舅叫李旺新，1949 年出生在岳阳临湘，19 岁时走进军营，在江西独立师当兵。湖南跟江西山水相连，张超两岁多时，母亲带着他去部队探亲。李旺新见妹妹带着外甥来了，十分高兴，去照相馆照了张合影留念。张超对舅舅的军帽很感兴趣，抱着不放，舅舅把军帽戴在他头上，单独照了一张相，这张相片至今还收藏在张超父亲保管的相册内。临走时，舅舅专门找了一顶大盖帽送给张超。舅舅当了 19 年兵，营级干部转业，分配在岳阳楼区国税局上班。张超住的橡胶厂离舅舅家不远，他经常上门去看望舅舅。舅舅很喜欢他，经常给他讲自己在部队里的故事，还讲战斗英雄保家卫国的故事。张超视舅舅为偶像，多次说，长大后要像舅舅一样去当兵，穿上军装，保家卫国。

张超来到岳阳市七中读初中时，了解到七中高中学生飞行员招考在全省很有名气，他浮想联翩，心想要是自己能有机会当上飞行员，驾驶战机保卫祖国该多好啊。

而真正让他下定决心，把当兵梦明确为飞行梦的，是缘于同表姐的一次交谈。

有次，张超去看望舅舅，听见一个紧闭的房里传出歌声。他十分好奇，推开房门，原来是表姐李萍在唱歌。他问表姐唱的什么歌，表姐告诉他，她唱的是一首军歌。这首军歌叫《我爱这蓝色的海洋》，是专为海军战士写的，这首歌由满族歌唱家胡宝善等在 1973 年创作。

舅舅在部队待的时间长，有很深的部队情结，女儿李萍刚满 16 岁，便被送到了海南三亚当海军。

张超说："你退伍十多年了，还记得唱，可见你很怀念部队生活。"表姐说："作为一名海军战士，每个人都会唱这首歌。我当了 5 年海军，部队生活一点一滴仿佛就在昨天，我只要怀念部队生活，怀念战友了，就会情不自禁地唱。只要唱起这首歌，自豪感、使命感、亲切感又回到了身上，我身上就劲鼓鼓的。”

张超一脸崇拜，又问表姐：“大海美吗？”表姐说：“非常非常美。蓝蓝的天，蓝蓝的水，水天一色。天上飘着洁白的云朵，海面上白精灵一样的海鸥追逐着浪花，真是个童话世界。”说着，表姐拿出几张照片给张超看。表姐在蓝天白云下，在浪花朵朵的海边，在威武的军舰上都留下了美好的瞬间。张超羡慕不已，双手捧着表姐的照片喃喃地说：“真漂亮！真好！”表姐说：“这还不算什么，如果是飞行员，驾驶战机翱翔蓝天，看到祖国疆域辽阔，风景如画，你就会感觉到保卫祖国无上光荣，你怒放的青春格外美丽。”

表姐口才很好，滔滔不绝。张超眼里满是羡慕，他说：“如果有一天我也能当上飞行员就好了。”表姐说：“锻炼好身体，好好学习，说不定有机会的，机会只留给有准备的人。”

这次去舅舅家，张超收获很大，知道了一首歌，播下了当飞行员的梦想的种子。

经过5年的等待，现在，机会终于来了。

张超心里明白，机不可失，时不再来。他虽然心里没底，但他决心去试试。

他兴高采烈地来到学校招飞专干王亮老师的办公室。

“王老师，您好！”张超笑眯眯地跟王亮打招呼。

“你是？”王亮并不认识张超。

“我是 64 班的张超，我想报考飞行员。”

“好啊，报考飞行员的条件你知道吗？”

张超尴尬地笑了：“我不知道。”

王亮告诉张超，报考飞行员必须是本市正式户口，有学校的正式学籍，是参加全国统一高考的应届高中毕业男生，并且英语成绩要好，本人自愿，家长支持。

听到报考条件，张超脸上的笑容消失了，“家长支持”这一条让他望而生畏。

王亮浓眉阔脸，身体壮实，浑身透出一股干练英武之气。说起来，王亮是个招飞经验丰富的老师，人生充满了传奇。他来岳阳市七中当老师之前，曾在北京空军 24 师服役。这个师是抗美援朝后期成立的，20 世纪 60 年代在东南沿海参加国土防空作战时，曾击落过国民党空军的飞机。现在，著名的八一飞行表演大队隶属于该师。

王亮服役 6 年，担任报务员 3 年、指挥员 3 年。他同后来成为英雄航天员的翟志刚是战友，俩人一起在部队待了 3 年，关系很好。1996 年底，王亮转业后服从分配到岳阳市七中，担任招飞专干。他尽心尽责，至 2004 年，八年间共选送飞行员 15 名，最多的一年，选送了 3 名飞行员，创造了岳阳市乃至湖南省教育系统选送飞行员的神话。现在这些飞行员中，有多名已经成长为战斗机一级飞行员，他们翱翔蓝天，守护着国土安全，成为王亮心中的骄傲！

王亮问了张超一些情况，直截了当地告诉他，他报考飞行员有两个条件欠成熟：一是他是独生子女，父母可能思想上过不了关；二是文化成绩不太理想。

王老师的话虽然很直白，但却是事实。张超很沮丧，熊熊燃烧的希望之火，被王老师几句话就几乎浇灭了，他闷闷不乐地走出了王老师的办公室。

张超放学回到家里，一反常态，显得心事重重。父亲问他怎么回事，张超说了原因。听说要去报考飞行员，母亲当即强烈反对。母亲说开飞机多危险啊，万一有个三长两短，张家的香火就断了。张超理解母亲的心情，前面三个哥哥都夭折了，好不容易盼来了他，现在张家只剩下他一根独苗，反对是情理之中的事。他看了父亲一眼，父亲正吞云吐雾，看不出表情。他不甘心自己追求的人生目标就这样轻易放弃，他知道要报考飞行员，关键在母亲。他开始做母亲的工作，说他从小崇拜当兵的舅舅，心里一直有个当兵的梦。学校里已有十多个人当上了飞行员，有的还驾驶战机飞上了蓝天，保卫祖国，多神圣多光荣啊！

这时父亲说话了："有梦想就要追求，这不是坏事。你讲这么多大道理是空的，王老师说你不够条件。"

张超从父亲的话中听到了希望。他说："报考条件有一条是家人支持，如果你们同意我报考，我再去找王老师做工作。"

儿子态度坚决，丈夫也表示支持，母亲思想上有了松动，她说："你硬要报考飞行员，我也没办法，但你不要给老师做工作，不许开后门。"

母亲这样说，张超心里的石头落了地。他告诉母亲，报考飞行员的条件不太高，但真要考上飞行员条件却很严，光体检就有 100 多个项目，文化成绩也要达标，不是给老师做工作开后门就行的。

儿子知道这么多报考飞行员的事，母亲知道儿子是花了心思的。儿子有梦想求上进，哪个母亲不支持呢？

"哦，那你去试试吧！"母亲一锤定音。

儿子高兴得手舞足蹈，身影被灯光拉长变形。母亲眼前突然出现了幻觉，她心里空荡荡的，巨大的恐惧感突然攫住了她。

"超崽！"她失声大叫。

张超一脸惊讶地看着母亲："怎么了，妈？"

母亲紧紧抓住儿子的手："超崽，我好怕。"

"怕什么？"张超问。

母亲眼里泪花闪烁，嘴唇剧烈颤抖，没有出声。

父亲知道她怕什么，劝儿子不要问了，早点睡觉。

淡淡的光亮透过窗户爬进房内，制造了一种如梦如幻的意境。李四荣怎么也睡不着，干瞪着眼，往事历历在目。她同张胜华结婚后的第二年，大儿子出生了，一家人高兴得不得了，视若掌上明珠。哪知，孩子八个月大的时候，突然得了麻疹。那时，由于经济条件差，也由于农村医疗水平低，只几天时间，孩子的病情就越发严重，后来高烧不退，不幸夭折。

李四荣半个月茶饭不思，整天长吁短叹。好在不久，她又怀孕了，一家人又看到了希望。这次，她又生了个儿子，丈夫亲自取名张罗平。

那时，一大家子人都忙着种地，指望辛勤付出后获得丰收，过上好日子，根本没有多少精力和时间照顾小孩。家门前几米远的地方有口四亩见方的水塘，附近的村民都到水塘里清洗衣裳。那是个大晴天，天上白云飘荡，地上异常闷热。李四荣在地里做完事回家，发现刚学会走路的儿子不见了，她同家人发疯似的四处寻找，左邻右舍闻讯也加入了寻找的队伍。该找的地方都找遍了，最后，一个村民想到了门前的水塘。水塘里，荷叶亭亭；水面上，鸭子在嘎嘎欢歌。走近塘边，一缕荷叶的清香让人心旷神怡。这么一口具有诗情画意的水塘，总不会是凶险之地吧。可没多久，大伙竟然在水塘里找到了她儿子，可爱的儿子早已踏上了去天堂玩耍的路途。

二儿子又走了！她整天以泪洗面，诅咒老天爷不开眼！

过了一年多，第三个儿子出生了。爷爷恨不得天天含在嘴里，他是旧社会过来的人，偷偷请人算了八字。八字先生告诉他，把孙子的名字取贱点，好带些，更利于他成长。爷爷主动要求为孙子取名，他见孙子脸色红润，健康可爱，乐呵呵地叫他黑皮，就叫张黑皮好了。

花狗子、白猪崽、黑皮，是当地对小孩最低贱的叫法。叫这种名的，大多得到了“高人”的指点，大家彼此心照不宣。

黑皮得到了一家人的万般宠爱，李四荣同丈夫下地做事总是带着，不敢让他离开自己的视线。

黑皮两岁多了，已经能四处走动。爷爷时刻警惕绷紧的神经，注视着宝贝孙子的一举一动。

然而，人算不如天算，又是在一个夏天的下午，黑皮竟然不见了。一家人又发疯般四处寻找，最终在门前水塘边一口 3 平方米左右的水井里找到了冰冷的小小遗体。

原来，门口的池塘是用来洗衣裳的，紧邻池塘边，另外挖了一口吃水的井。就是这口小小的井，吞噬了黑皮幼小的生命。

爷爷双膝跪地，仰天长嚎，泪流成河。老天爷，你不长眼啊，你这是要绝我张家的后啊！李四荣至今都忘不了当时的惨状，公公凄厉的哭喊声，撕心裂肺，久久回荡在漆黑的夜空，整个村子都笼罩在无边的悲痛中。

后来生了第四个儿子张超，他是“一担谷下种，只剩一根独苗”啊！他是张家唯一的希望，不能有任何闪失。

李四荣沉浸在往事的回忆中，眼泪情不自禁滚滚而下，流经耳边，落在枕巾上，湿了一大块。

第二天上学，张超又来找王亮老师。他说做通了父母的工作，同意他报考；至于文化成绩，他相信自己通过刻苦努力，一定能赶上来。

张超语气坚定，十分稳重，王亮对他产生了好感。作为一个在空军部队服役过6年的人，他知道坚韧和稳重是一个优秀飞行员最基本的素质。对一个高三学生来说，身上体现出来的这种素质非常难得，他当即表态可以考虑报考。

张超十分激动，放学后一改往日必打篮球的习惯，迫不及待往家赶。走出校门不远，他听到一个小卖店里飘出来一首熟悉的歌："我爱这蓝色的海洋，祖国的海疆壮丽宽广……"张超眼前一亮，他想起来了，这首歌听表姐唱过，是写海军战士保卫祖国海天的一首歌。

张超走近店门口，看见电视里，一位穿着军装的歌唱家正声情并茂地演唱："我爱晴朗辽阔的海空，英雄的战鹰在展翅飞翔。啊，穿云雾破浪，海军战士胸有朝阳，我守卫在海防线上，保卫着祖国无上荣光……"看到战机像雄鹰一样在蓝天白云间潇洒地翱翔，他格外激动，胸口怦怦跳，仿佛驾驶战机的是自己。

张超身上每个细胞都兴奋不已，身上像长了翅膀飞回了家。

到了家，张超说得眉飞色舞，没想到母亲却绷着脸，冷若冰霜。

"超崽，你昨天回来说要报考飞行员，我一夜冇睡，想来想去，我还是不同意。"母亲说。

张超上前搂着母亲的肩膀撒娇："妈妈，我晓得你是爱我的，担心我，但你不能耽误我的前途啊！你最大的心愿不就是指望我有出息吗？等我真正当上了飞行员，就是最大的出息咧。"

"当飞行员风险太大了，我不放心。"母亲态度十分坚决。

"妈妈，记得你跟我讲过，舅舅去当兵，你非常支持，还说一人当兵，全家光荣。我去报考飞行员，其实也是去当兵啊，只是兵种不同。现在轮到我去当兵，你为什么又变卦不支持了呢？"

"你舅舅兄弟姊妹有 7 个，出去一个当兵是好事，你是根独苗，不能跟他比。"

母亲说得有道理，张超沉默了。

母子谈话陷入了僵局，父亲开始调和："我是个共产党员，不说境界有多高，但我至少比一般人思想要先进些。超崽要报考飞行员，实现人生梦想是对的，做父母的理应支持。但你妈妈的担心也是对的，这是实情。要说当飞行员危险，依我看，做什么事都有危险。就是平常走路都有危险，不小心摔跤了，摔得骨折了，在床上一躺就是上百天。关键在于怎么去做，怎么去把握。我看，超崽的这个想法要支持，考飞行员是万里挑一，不是随随便便就可以考上的。如果超崽真正考上了飞行员，那是一件光宗耀祖的大喜事。"

父子俩结成了统一战线，母亲闷闷不乐，默默地扒了几口饭，便放下了碗筷。沉默了好一会儿，才开口：“好吧，你们都同意，我也只能勉强同意了。”

张超如获大赦，搂着母亲的肩说：“好妈妈，你莫再反悔了，莫再变卦了。”

“你晓得啵，你是妈妈的心肝宝贝！”

“晓得，理解妈妈，谢谢妈妈！”

张超是全校第一个来领申报表的，临交表那天，父母亲又同张超一起来到学校进行了咨询，王亮老师一一作了解答。母亲虽说口里同意张超报考飞行员，但还是顾虑重重。

学校高三有 6 个班，每个班都在 50 人左右。通过宣传发动，在满足基本条件的情况下，本着个人自愿、家长同意的原则，全校有 70 多个人报考。

学校组织报考的学生按招飞要求做了一次体检，留下了 20 多个人，张超名列其中。

紧接着，岳阳市又组织全市初检过了的报考学生进行体检，最终岳阳市七中只有 5 个学生符合体检条件，张超又名列其中。

说实话，张超能通过学校、市里的招飞体检，让王亮多少有些意外。由于经济条件不好，张超的营养同一般学生比都比不上，给人的第一印象是瘦弱。没想到，他竟然过关斩将留了下来。张超的身体素质不是特别拔尖，体能和协调能力不是特别好，但综合起来看没有问题，挑不出毛病来。

洒向蓝天的汗珠

>>>

ZHUMENG HAI-TIAN

JI“RENMIN YINGXIONG”

ZHANG CHAO

一分汗水一分收获，

张超的体能训练成绩有了很大的提高。

岳阳市七中有独特的办学方向，尤其是在高考中，学校关注和努力的方向除普通文化班外，对特长生、专业生也格外重视。学校从 1992 年高考招飞至 2004 年，共输送招飞考生 26 个。高考招飞是该校的特色和强项，学校曾被评为“湖南省高考招飞先进单位”。

有 5 名学生体检过关，这是个好兆头。按以往惯例预测，这 5 棵招飞苗子中至少有 1 到 2 棵苗子招飞成功。

高考招飞经验丰富的校领导决定成立“保苗小组”。组长为张随生，他兼任 64 班班主任，主要负责文化成绩；招飞专干王亮，主要负责体能训练、心理素质等综合能力提升。

64 班有两个招飞复检过关的——张超和王亮。这个王亮和招飞专干王亮同名同姓，世界那么大，又那么小。一个是老师，一个是学生，并且每天相处在一起，随时可产生美丽的误会。有时同学叫同学王亮，老师王亮以为是叫他；有时同学叫老师王亮，同学王亮却以为是叫他。于是经常闹出让人啼笑皆非的笑话，也算是“保苗小组”里的一种乐趣。

王老师知道自己肩上的责任，他将这5个学生逐一分析，有针对性地制订出详细的体能训练计划。

王老师找张超单独谈话，告诉他，虽说体检过了两关，但空军部队组织的最后一次体检要求会更高，有100多个项目，根据他的身体状况，加强体能训练、增强身体素质是关键。

张超望着王老师，双眼炯炯有神，透射出渴望。

王老师为张超制订了上肢、下肢训练和综合训练计划。

所有的体能训练都是业余时间进行，而业余时间最多的就是下晚自习后。

5个复检过关的学生组成了一个训练小组。训练跑步的第一天，王老师就给了他们一个下马威。

王老师大声问："同学们，你们知道跑步吗？"

"知道。"5个学生齐声回答。

王老师露出一个难以捉摸的笑容，犀利的目光依次从5人脸上扫过。张超一直喜欢打篮球，自认为跑步训练对自己来说不是一件难事，一脸自信地看着王老师。

"张超，你出列，你告诉大家，跑步要注意什么？"

张超向前跨出一步大声说："跑步人人都会，就是迈开双腿，甩开双臂朝前跑。"

王老师一脸严肃地问："你知道怎么迈开腿吗？是脚尖先着地还是脚跟先着地？你知道怎么甩开臂吗？是前后摆还是左右摆？摆动的幅度多大？"

张超一下子噎住了，没想到，一个简单的跑步还有这么多学问，他从来没想过有这么复杂。

“你们有谁知道，请举手告诉我。”王老师声如洪钟。

大家你望着我，我望着你，都不吭声。当初列队时神采飞扬的神态不见了，都是垂头认错的神情。

“张超入列，大家听口令！立正、稍息、立正、向前看、稍息！”

王老师的目光又从这5个学生脸上扫过，他心里暗自高兴，男女老少都会的跑步，其实是有方法的，每个人都会说出几点经验。但他问话时，没有一个学生站出来跟他争辩，说明这几个学生都很诚实。当一名飞行员，诚实是非常宝贵的品质，也是必须具备的素质。

王老师说：“同学们，首先我要祝贺你们顺利通过了两关体检，初选上了飞行员。能够当上一名飞行员是人生莫大的荣幸，如果能够驾驶战机飞翔蓝天，保卫祖国，那更是无上光荣，是一个人生命中最耀眼的一笔。老师当过6年空军，但是没有机会当一名飞行员。每当我看到战友戴上帅气的头盔，跨上矫健的银鹰，像尖刀一样刺向蓝天的时候，我心里真是羡慕极了！这是老师一辈子的遗憾。现在，我看到你们，心里又不那么遗憾了。你们中间也许会有同学成为飞行员，能够驾驶战鹰飞上蓝天，弥补老师的遗憾。希望在你们身上，保卫祖国的重任在你们身上，你们有没有信心？”

“有！”5名学生齐声回答，声音洪亮，追求绚丽的梦想让他们激情澎湃。

王老师这次发自内心地笑了。

“但是，”王老师停顿了一下，接着说，“要当一名飞行员是一件很不容易的事，文化考试要上线，体检要合格。体检有100多个项目，每个项目都要过关，不然的话，飞行梦就会破灭。现在离部队体检还有3个月，我们要抓紧时间训练，争取人人练出合格的身体。同学们不要小看体能训练，思想上要引起高度重视，每个项目都有科学的训练方法，只有训练科学才能收到好的效果，方法错误，那就会前功尽弃。”

这时，有十几个下了晚自习的同学围上来看热闹，王老师要他们赶快离开，不要干扰招飞同学的训练。

“同学们，今晚是训练的第一堂课，也是最基础的训练课，那就是跑步。说到跑步，大家都会，但其中还是有方法的，有专业上的要求。”

王老师边说边开始做示范。

“标准的跑步姿势是：头部与躯干保持直立，身体放松，抬头正视前方，手臂自然下垂，手指轻轻弯曲微向身体中线，脚跨步向前踩时，刚好是身体重心的正下方。

“跑步常犯的错误有：当脚跨步向前踩时，脚着地瞬间的位置是在身体重心的前方。千万不要用脚尖跑，以脚跟或全脚掌落地才是正确的。脚踩地时，脚尖向内或向外，身体弹跃的动作过分明显，手臂摆动太大或呈左右方向摆动，都是不对的，跑步动作力求顺畅自然。

“跑步又分为慢跑、中速跑和快速跑，对呼吸和心率都有不同指标要求……”

训练课结束后，张超主动找王老师检讨，说自己太幼稚了，以为跑步是件很简单的事，没想到真正要跑好步还有许多技术要求，今后要谦虚谨慎，刻苦训练。

王老师拍了拍张超的肩说：“你能够自省，能进行自我检讨已经很不错了，说明你很自律，想真正进步。”

王老师告诉张超，5 个同学中，身体素质较弱的就是他，所以，在体能训练方面要克服困难，加班加点，迎头赶上。

“王老师，您放心，我一定会刻苦努力的。”张超表态。

王老师说：“你很阳光，充满自信，是当飞行员的料。”

转圈是一项重要的体能训练，主要是训练离心状态下身体的平衡感和控制能力。

刚开始训练时，张超原地转几个圈就感到头晕目眩。王老师给他详细讲解了转圈的技术要领和诀窍。转圈时双臂与身体呈 45 度角，头部上仰。在眼前选择一个原点，在转动身体时，眼睛一定要注视这个点，在身体转到不能看见这个点时要迅速甩头，这时身体可能还没有转回来，但眼睛必须先回到这个点上。这样，可以有效防止头晕。

张超按照这种方法训练，效果明显，但进步不快。王老师有8年训练学生飞行员的经验，点子多，办法也多。他向校领导要了一间教室，教室里铺上地毯，开始了保护性训练。他同另一名青年教师前后贴在一起，在俩人的腰间捆绑同一条消防带，另一头系在一名学生身上，要求学生绕着他俩快速奔跑，直到借着惯性“飞”起来。这种方法可以收到立竿见影的训练效果，但对王老师自己来说，体能消耗太大，一个训练课程下来，他总是气喘吁吁，腰要痛几天。但为了学生能圆飞行梦，他从无怨言，拼了！

张超进步很快，原地转圈已慢慢达到2分钟。王老师看在眼里，喜在心头。

有一次跑步训练时，大家已经站好队，只有张超还在一边忙碌。王老师没有吭声，静静地看着他，只见他从书包里拿出一双回力鞋换下脚上的布鞋，然后用一个塑料袋将布鞋包好放回书包内。王老师眉毛往上挑了一下，以前从没注意过张超脚上的鞋，这次看见张超换鞋的举动，联想到平常张超的节俭，他忽然意识到了什么。他看见另外4位同学脚上穿的都是非常流行且价格不菲的运动鞋，唯有张超穿的是双10多元钱的回力鞋。王老师心里五味杂陈，本想责备他几句的，话到嘴边又咽了回去。

这节训练课，王老师对张超特别留心。他发现张超一刻也没有休息，训练结束时，只见张超从书包里掏出布鞋换上，将回力鞋用塑料袋包好放回书包里。王老师一下子明白了，张超只有在训练时才穿回力鞋，平常舍不得穿，他一下子对张超充满了怜爱。

他想，张超每天的训练量大，营养十分重要。张超家里经济条件不好，但加强必要的营养是必不可少的，他决定去张超家里家访，将有关情况告诉他父母。

这天放了学，王老师找到张超，提出同他一道去他家家访。张超笑嘻嘻地说："欢迎啊，只是我家里条件不好，王老师莫见怪哦。"

王老师多了个心眼，从学校出发时，他就看了表，记下了时间，到张超住的院子里，一共走了 33 分钟。张超指着一栋三层楼房告诉王老师，自己家就住在二楼的西头。

这栋楼房原是橡胶厂一栋办公楼，后来建了新办公楼，这里便改成了职工家属楼，一户人家住一间，面积 20 多平方米。

远远望去，每层楼都晒了衣服，红的、绿的，长的、短的，像万国旗。走上二楼，楼道里几乎塞满了东西，有煮饭的煤炉、黑色的煤球、放菜的架子等。不能大摇大摆地走，只能缩着身子，小心翼翼地侧身走。

尽管王老师早有思想准备，走进张超家里，他还是暗暗吃了一惊。一间房，前面放了一个煮饭的煤炉，是做饭、待客的地方，后面开了两张床，简陋得让他有些不敢相信。

老师来家访，张超的父母十分热情。父亲忙递烟给王老师，他摆手说不会，母亲沏来了热气腾腾的茶。

王老师跟张超的父亲交流张超的身体训练情况，张超的母亲忙着做饭。聊完张超的相关问题，王老师无心久留，起身要走，张超一家人热情挽留。

张超的母亲说："超崽经常在家里说王老师是个好人，对他很关照，我们一家人非常感激。今天你来了，一定要吃了饭再走，不然，我们过意不去。"

王老师见一家人态度十分诚恳，张超的父母亲又是老实憨厚的样子，不忍拒绝，答应留下来吃饭。但他提了一个要求，就是不能出去买菜，家里有什么就吃什么。

没想到张超的母亲三下五除二就做了五六个菜，有腊鱼、腊肉、鸡蛋、青菜。王老师感到奇怪，刚进屋时他注意了，墙上没有挂腊鱼腊肉，他才说家里有什么就吃什么的。张超告诉王老师，自己妈妈做的腊鱼很好吃，香气扑鼻，让人垂涎欲滴，自己最喜欢吃妈妈做的腊鱼了。王老师问张超，没有看见张超家里有腊鱼腊肉，这些菜怎么来的？张超笑着告诉他，自己的妈妈很会熏制腊鱼腊肉，晒干后剁成块，放在坛子里保存，可以存放一年不变味。

王老师恍然大悟，当时只看见他妈妈揭了几次坛子盖，没想到坛子里藏有宝贝。

要吃饭了，王老师见有张小方桌紧靠着墙，他想移到中间来，4 个人一人坐一方。他刚起身准备拖桌子，张超的父亲急忙制止："王老师，掩不得！"

他缩回手，一脸疑惑。

张超笑嘻嘻地解释："王老师，桌子只有 3 条腿，还有一条腿是用红砖垫上的。"

他弯腰瞄了一眼，果然看见靠墙的一条桌子腿下垫着几块红砖。他到过无数学生家里家访，第一次看见家庭条件这么差的。他心头酸涩无比，连吃饭的心情也没有了。

他执意要走，张超的爸爸急得手足无措，嘴里一个劲地重复一句话："王老师，饭菜都熟了，吃了饭再走吧！"

张超的妈妈急得眼泪涟涟，用衣袖拭着眼角。

张超仍然是满脸笑容："王老师，尝尝我妈妈做的腊鱼再走不迟。"

一家人的热情像火一样烙在他的心上，他感觉到生疼生疼。

他再没有拒绝的勇气。

他还没有动筷子，张超就夹了一块腊鱼放到他的碗里："王老师，你尝尝我妈妈做的腊鱼。"

他轻轻咬了一口，酥酥的、软软的，浓香四溢，味道特别："嗯，真好吃！"

家访回来，王老师心潮难平。这次家访，张超给他留下了深刻的印象。当他提出不吃饭要走时，张超的父母很着急，张超却仍然面带笑容挽留他。可见，张超遇事很冷静，心态平和，真是天生当飞行员的料。

从这以后，他就对张超格外关照了。

张超因为有梦想，不用扬鞭自奋蹄。每天晚上的训练结束后，他总是要多留一会儿。王老师每次都躲在操场边暗中观察张超，并将他锻炼的情况记录下来。如果发现有什么问题，王老师也会及时跟他指出来。张超成了5个学生中锻炼最刻苦的一个。一分汗水一分收获，他的体能训练成绩有了很大的提高。

跳马训练是男同学比较喜欢的项目，能在奔跑中体验到飞一般的感觉。这个项目要求较高，必须做到爆发力、身体平衡能力、心理素质等方面协调一致，是体育专业生考试科目，做到优秀有些难度。王老师在亲自示范后，5个同学轮流做一遍，没有一个让他满意的。张超暗下决心，挤出时间练，很快掌握了技术要领，训练测试达到优秀。有一次，王老师在亲自示范多次后，仍有3个同学测试不能过关，他恨铁不成钢，情急之下大声批评："你们真笨，这么简单的动作教猪都教会了。"这3个同学垂头丧气，他点名要张超做示范："张超过来，上！"张超仿佛没听见，纹丝不动。王老师走上前问他："张超，怎么啦？"张超小声说："猪都会，我不方便上。"大家一下子爆笑震天，王老师笑出了眼泪。

眼看离部队的体检时间越来越近，王老师心里非常着急，决定对这5名学生进行体能测试，发现他们都有明显的进步，心里十分高兴。他大声宣布："你们的表现都不错，为了奖励你们，今天王老师请你们喝汽水。”

正在换鞋的张超直起腰，十分惊喜地说：“王老师，真的请我们喝汽水呀？”

旁边一位同学见他喜形于色，很诧异：“张超，一瓶汽水才五毛钱，你未必没有喝过，高兴成这个样子？”

张超一脸诚实地说：“我真没喝过，有什么稀奇的。”

张超说没有什么稀奇的，我和他的同学却感到非常稀奇。张超一岁多进城，小学、初中、高中都在城里读，五毛钱一瓶的汽水到处都有买，同学们都在喝，诱惑多大啊。难道张超就不想尝尝？难道张超连五毛钱的零花钱也没有？都不是。陈岳荣、方涌等同学都谈到一件事，有哪个同学要借钱买东西时，一般都找张超。张超口袋里经常有几块钱零花钱，一元、五毛的钞票折得整整齐齐。这说明，张超不是没有钱，不是不想喝，而是他从小懂事，体贴父母，养成了高度的自律。

这真不容易，让人钦佩！

国外有句名言：“战胜自己，远比在沙场上战胜数千个敌人更有资格称为英雄。”当然，这时的张超还不是英雄，但我们从他身上发现了英雄的宝贵特质。我们都说，英雄也是普通人，但作为普通人出身的英雄，张超从小经历了常人没有的磨难，比同龄人成长得更快，他的表现让人刮目相看。所谓自古英雄出少年，也许正是这个理。

绿叶对根的情谊

>>>

ZHUMENG HAI-TIAN
JI “RENMIN YINGXIONG”
ZHANG CHAO

一个鼓励的眼神，一句肯定的话语，

给了张超克服困难、勇敢前行的动力。

与普通高考不同的是，招飞考试，数学和英语单独划线，这是特殊要求。录取时，这两科成绩必须达到较高的分数线。

张随生看了张超上学期期末考试的成绩，发现他的成绩平平，数学、英语也非常一般。张随生心里十分着急，按照当时的文化成绩，张超就是身体合格也没有办法录取。

张随生找张超谈话，希望他在抓紧体能训练的同时，利用一切业余时间搞学习。张超表态，配合老师的学习计划，克服一切困难提升文化成绩。

为了增强张超的使命感和责任感，张随生仍然让他当班上的纪律委员。

张随生有着十分丰富的招飞文化“催苗”经验，他为5棵苗子量身打造了学习计划。早自习、晚自习、中午、第八节课，凡属课余时间，他都根据每个人的学习成绩安排了动态的学习内容。高考有语、数、英等6科，在学校的强力支持下，6科的任课老师都有加班辅导任务。学校规定，每个老师给“保苗小组”的苗子补课，每节课补助5元。

我在采访张随生老师时，他说："学生招上了飞行员，老师光荣，学校更光荣。成功的背后离不开老师们心甘情愿、默默无闻的付出啊！社会上补一节课200元以上，我们老师给'保苗小组'苗子补一节课才区区5元钱，还不足一次的士费，的士起步价都要6元。"

我非常感动，脑海中倏然出现唐代诗人李商隐的名句："春蚕到死丝方尽，蜡炬成灰泪始干。"老师确实是燃烧了自己，照亮了他人。

张随生几乎每天都给张超补习数学，如果是雨天，张超来学校不便，张随生就上他家的门。有天晚上补习到深夜十点，张超的母亲心里过意不去，煮了碗面条给张随生吃；张随生知道张超家里经济条件不好，早在心里立了个规矩：不吃饭、不抽烟。面对热气腾腾的面条，张随生进退两难：吃吧，坏了自己的规矩；不吃吧，又伤了张超母亲的心。张随生想出了一个两全其美的办法，将一碗面条分成两份，他同张超分着吃。他抓起筷子将面条夹了出来，哪知面条下面竟藏着两个荷包蛋。他要夹蛋出来时，张超母亲上前制止，张超也表示不要。

张随生说："张超正是长身体的时候，体能训练很辛苦，补充营养十分重要，还是给他吃吧。"

张超母亲说："张老师，这是我们一家人的心意，如果你硬要夹蛋给超崽吃，我另外煮两个蛋就行了。"

张随生说：“要不这样好不好？我同张超一人一个。”

张超母亲没有再坚持，张超的父亲坐在椅子上抽着烟，笑眯眯地看着眼前这一幕。

张随生吃完面条出来，天气变好了。窄窄的街道上空无一人，路灯昏昏欲睡。寥廓的天空上，稀疏的几颗星星在眨眼。一阵风吹来，卷起一个塑料袋在地上打着滚，四周寂静无声。

张超坚持要送张随生走过那段窄巷子，这条路他每天要往返两次；张随生住在学校，他心里有数，从这里走回学校，至少要半个小时。这一路上基本是砂石路，高低不平，又刚下了雨，稍不注意就会摔倒。

张随生边走还边给张超讲解知识点，前面的路忽然看不见了。这是一个转弯处，没有装路灯，张随生叫张超打转回去。张超说，他不放心，坚持要送。张随生笑着说：“你送我到学校，你一个人回家我也不放心，我也要送你，这样送来送去，我们师生俩就只能走一晚上的路了。”

张超哈哈大笑：“你说得有道理，那我不送了，你路上注意安全。”

张随生溜溜滑滑地走了一段路，总觉得背后有人跟着。这样想着，不由得打了个寒战。他虽然是个无神论者，但他相信自己的第六感觉。他静了静神，猛然转身，一眼看见了不远处的张超。

“张超你怎么回事？跟你说好了不送的，你还送？”

张随生转身走到了张超面前。

张超忐忑不安地说：“张老师，对不起，这么晚了，路又不好走，我担心你的安全。”

“我前面说过，你送了我，我回头还要送你。我更担心你的安全，这一夜不想睡觉了。”

张老师发火了，张超连忙赔着小心：“我马上打转回去，下次再不送了。”

张超转身就往回走。“慢点走！”张随生大声说。张超转过身，紧张地盯着张随生。张随生走近了，拍了拍他的肩，和颜悦色地说：“我送送你。”

张超急了，说：“张老师，那不行。”

“你是准飞行员了，身体不能受一点伤害，深更半夜，你一个孩子孤身一人走回去，我不放心。”

张超还想说什么，张随生说：“听老师的，我就是要你长记性，看你下次还送不送我。”

自从送张老师被发现后，张超吸取教训，注意方法，总是偷偷地尾随，暗中护送。后来，张老师还是发现了，他同张超约法三章：如果是晴天，不需要送；如果是雨天，由他爸爸同张超一起送。

从此，张随生再来张超家辅导，不管多晚，都是张超同他爸爸一起护送。

为了帮助张超提高数学成绩，张随生牺牲了大量的休息时间去张超家里进行个别辅导，前前后后有20多次。这些上门辅导的时间全部是晚上，短则个把小时，长则两三个小时，张随生无怨无悔，表现出了一个老师对学生无私的爱。

张随生燃起一支烟，淡蓝色的烟雾袅娜地升腾，一抹阳光从窗户照射进来，穿透烟雾，呈现多姿多彩的画面。烟雾一会儿像淡雅的山水画，一会儿又如身轻似燕的舞女。一缕风柔柔地飘来，画面消失了。

张随生把头扭向窗外，思绪仿佛还沉浸在回忆里。阳光在他宽阔的额头上跳跃，额头上被时光雕刻出的沟壑看上去像大山的皱褶。我看到他眼里湿润了，脸上有悲伤掠过。

“说实话，我对张超倾注了很多感情，我同他的关系超越了师生关系，我们情同父子。”半晌，张随生喃喃地说。

张随生的一言一行，如涓涓细流滋润着张超的心田。一个鼓励的眼神，一句肯定的话语，给了张超克服困难、勇敢前行的动力。张超一直记得张老师的好，在他后来的人生路上，他以张老师为榜样，总是在别人遇到困难时，及时伸出援助之手。

张超是个非常懂得感恩的人，考上空军航空大学后，每次放假回来都来看望张随生。

张超上大学的那几年，每月只有一百多元的津贴，手上的钱不多，但每次看望张随生，他都买了东西。张超知道他爱抽烟，见面总要买几包送上。张随生记得特别清楚的是，张超分配到部队后的第一年，回来看望他时送了他两瓶红酒、一条烟。张随生批评张超不该这么破费，张超笑呵呵地说，他有工资了，花点钱孝敬恩师是应该的。

“还有，张超很低调，”张随生说，“有一年他回来看望我，约好了在学校见面。我上第四节课，拖了堂，走出教室四处张望，没有看见张超。我原以为他临时有事没有来。等我走到家门口时，发现他站在我家门口，军帽端在手上，脸上是标志性的笑容。我问他等了多久了，他说等了一个小时了。我说你为什么不去教室找我，他说他一身军装太显眼，去了怕影响学生上课。你看看，他想得多周到，做得多低调。”

说起这些，张随生感慨不已。

张超的英语成绩比较差，是招考飞行员的短板。为了快速提高张超的英语成绩，张随生决定采取非常措施促他一把。陈岳荣在班上英语成绩比较好，张随生就调整座位，安排张超同他同桌，一直到高考。

说起来，陈岳荣和张超认识的时间并不长。陈岳荣读高中时，才考入岳阳市七中，后来分文科班和理科班，陈岳荣分到了文科班，这才同张超同班。

为了帮助张超提高英语成绩，陈岳荣想了很多办法。张超学习很认真、很勤奋，不懂的就问，陈岳荣也是有问必答。

刚开始上英语课时，老师带着同学们朗读，陈岳荣发现张超在英语句子下写着中文谐音，不禁哑然失笑。

下课了，陈岳荣劝张超："中文谐音只是读音有些像，并不准确，这样学英语不行。"

张超有些难为情地笑了笑说："刚学英语时，觉得难学难记，就学别的同学用土办法。比如 teacher 就在下面写上'踢扯'，Good morning 就在下面写上'古得摸宁'，Goodbye 就在下面写上'古得拜'。"

陈岳荣哈哈大笑："有才有才，你们真是太有才了！"

张超说："你莫笑，这是兴趣记忆，效果蛮好的。"

陈岳荣说："刚开始学英语，为了提升学习兴趣，这样做未尝不可。只是对你来说，只有几个月就高考了，这种方法不行，读音不准，会影响考试成绩。"

张超问他有什么好办法，陈岳荣告诉张超，以自己学习英语的经验，主要有三条：一是记单词；二是跟复读机学标准读音；三是背诵英语名言名句。

张超都记在心里，默默努力。张超十分感谢陈岳荣的无私帮助，他同陈岳荣成了很好的哥们儿，张超的英语成绩也突飞猛进。

有一天放学，同学们在街上看见一个高鼻子、蓝眼睛的外国朋友，大家十分好奇，但没有一个人敢上前去打招呼。张超说："你们不敢去我去，我不怕。"张超快步赶上外国朋友，朝他扬手，一脸笑容地说："Hello！"外国朋友转过头，也向他打招呼："Hello！"打完招呼，张超不知往下说什么，一脸尴尬。这位年轻帅气的外国朋友似乎看透了张超的心思，主动问他："How old are you?"张超知道，是问他多少岁。他想了想，说："I am 18 years old this year."（我今年18岁。）外国朋友朝张超竖起大拇指："Very good！"（非常好！）

受到外国朋友的表扬，张超受宠若惊，同学们个个都是羡慕的神情。

高考前夕，陈岳荣问张超英语考试有没有把握，张超说，先用英语背一段名人名言给他听。

Man's dearest possession is life, and it is given to him to live but once. He must live so as to feel no torturing regrets for years without purpose, never know the burning shame of a mean and petty past…

翻译出来是：人最宝贵的东西就是生命，生命属于我们只有一次。人的一生应该这样来度过的：当他回首往事时，不因虚度年华而悔恨，也不因过去的碌碌无为而羞耻……

陈岳荣知道，张超背诵的是奥斯特洛夫斯基的长篇小说《钢铁是怎样炼成的》中的主角保尔·柯察金的名言。他几乎目瞪口呆，张超的进步超出了他的想象。

“宝剑锋从磨砺出，梅花香自苦寒来。”张随生和陈岳荣的心血没有白费。高考时，张超的数学成绩超过招飞录取线 35 分，英语成绩超出录取线 10 多分，综合文化成绩也超出录取分数线很多。他如愿以偿，考上了空军航空大学。陈岳荣也如愿考上了湖南师范大学。

张超每次回家探亲，除了拜访老师外，几乎每次都要看望陈岳荣。他始终牢记父亲的话，给了自己帮助的人，一辈子都不能忘，要记住人家的好，要感人家的恩。

雄鹰展翅

\>>>

ZHUMENG HAI-TIAN
JI "RENMIN YINGXIONG"
ZHANG CHAO

第一、第一、第一！

张超成了大家公认的"飞行超人"。

世上最可敬的做事态度是认真，最可敬的人是咬定目标不放松的人。张超内心的专注坚定，非常人能比。当时填高考志愿时，别的同学几乎都填了4到6所学校，都有备选；他填高考志愿时，只填了一个：空军航空大学。父母强烈反对，要他多填几个，哪怕只多填一个也行。张超平时非常听父母的话，这次，他像头牛一样犟上了，坚持只填一个志愿。

父母没办法，只得去学校求助老师。张随生、王亮等老师都做张超的工作，劝他为了保险起见，至少要多填一个志愿。张超态度十分坚决："我只填空军航空大学，不考虑备选，今年不行，明年再来！"

张超的父亲恼怒地说："这伢子不晓得吃错了什么药，这么犟。"

张随生老师劝张超的父亲："你认为张超犟，我认为张超是专注，这值得肯定。成功始于专注，专注在于当下。张超若能如愿以偿，日后必定有大出息。"

苦心人，天不负。张超终于在 2004 年 7 月中旬的一天收到了录取通知书。这份录取通知书成为张超人生重大的转折点，为还原历史，现抄录如下：

张超同学：

你被光荣地录取为中国人民解放军空军飞行学员，祝你早日成为一名蓝天卫士！

中国人民解放军 空军招收飞行学员工作局（印章）

2004 年 7 月 1 日

收到录取通知书，张超欣喜若狂，每天都沉浸在巨大的喜悦中。那段时间，只要天空传来飞机声，他都会情不自禁地抬头仰望。有一次，天空传来飞机声，因为是个阴天，飞机被云层遮住了，什么也看不见。张超跟同学说，这是一架战斗机。同学说：“你也太神经了吧，还没去空军航天大学上过一天课就知道?！”张超说：“我上网查过，战斗机速度快，声调高，声音移动速度快，过去也快。民航机速度慢，声调低沉，声音在空中移动速度也慢。”同学半信半疑，一会儿，天上的云层散了，能清楚地看见天空留下一条长长的白色云带。同学相信了，平常天气好时，战斗机在天空飞过都会留下长长的白色云带，十分壮观。

同学又问他白色云带是怎么回事。

张超解释，飞机飞过天空留下的白色云带，是飞机在相当冷并且水汽含量较大的高空飞行时，尾部喷出的热气在低温高湿的空气中遇冷凝结而形成的特殊云状物，气象学家称它为飞机尾迹，也叫“尾迹云”。一般来说在 7000 米至 10000 米的高度上飞机容易形成尾迹云，超过这个范围，飞机就不会产生“拉烟”现象了。按照它形成的原因，常见的飞机尾迹又分为废气尾迹和表演拉烟等。

同学很佩服地说：“张超，你刚拿了录取通知书，就知道这么多，这么专业，真是了不起。”张超说：“这没什么了不起，兴趣是最好的老师。一个人对一件事只要用心，总会与众不同，总会做出成绩来。”

张超每天都在憧憬中度过，他身在洞庭湖畔，而心早已飞到了松花江边。

8 月底的一天，张超怀揣录取通知书坐上了北上的火车。先到北京，再转乘至长春的火车。

空军航空大学主校区坐落在北国春城长春市，初来乍到，张超对眼前的一切都感到新奇。

他了解到，空军航空大学前身是 1946 年创办的第一所航空学校——东北民主联军航空学校。经过岁月的风雨洗礼，学校创造出中国空军史上“最先培训新中国第一批女航空员”“最先承训双学士飞行员”“最先培养空军侦察情报人才”等近 20 个空军之最。学校为国家和军队建设输送了 12 万余名各类军事人才，培训外国军事留学生千余名，学员遍布四大洲，200 多名毕业学员成长为共和国将军，涌现出了战斗英雄王海、张积慧、刘玉堤，“海空卫士”王伟，复合型飞行舰长柏耀平，中国工程院院士李明等一大批英雄模范人物，学校被誉为“飞行员的摇篮”“英雄的摇篮”“将军的摇篮”。

张超内心受到强烈震撼，尤其当他知道“海空卫士”王伟也是该校毕业后，在深感光荣的同时，他也在心里暗暗立下誓言：发奋学习，毕业后去王伟生前的部队当一名海空卫士。

开学不久，张超跟同学聂元闯走得比较近。初次相识，张超给聂元闯留下了非常深刻的印象。张超笑容灿烂，自信阳光，跟他相处，时时刻刻有如沐春风的感觉。张超很珍惜这来之不易的学习机会，学习非常刻苦，成绩也非常好。在平常的交往中，张超跟聂元闯聊得最多的是飞行，言语中，表现出渴望飞上蓝天、保家卫国的强烈愿望。

哪知，第一次上游泳课，张超就出了状况。100 多名同学都争先恐后地在游泳池里练习，唯独张超坐在岸上迟迟没有下水。有同学见状就上岸拉他下水，可张超一改平常的笑脸，满眼恐惧，步步后退，好像前面的泳池是万丈深渊。

教员发现了张超的异常表现，找他谈心，张超这才眼含泪花说出了一个令人扼腕叹息的原因。

原来，张超有两个哥哥年幼时都是溺水身亡的。张超成了家里的独苗，从小父母就看管很严，连河边也不让他去。这件事在他幼小的心灵里留下了难以磨灭的阴影，他把水看成是吃人的恶魔，对水有着强烈的恐惧。

教员对他的遭遇深表同情，表示理解。但教员告诉张超，如果想要当飞行员，游泳这关过不了，是要停飞的。

什么？停飞？

张超两眼睁得像铜铃，“停飞”两个字像炸弹在他头脑里炸裂，浑身一颤。他想：“我所有的努力和付出不就是为飞上蓝天吗？飞上蓝天，保卫祖国是我人生最大的梦想啊！”

教员见他神情缓和了，便鼓励他下水：“张超，每个人都有恐惧的时候，勇敢的人能正视恐惧，克服恐惧。”

张超望着一池碧水，眼前仿佛出现了幻觉——妈妈绷着脸说：“超崽，千万不要玩水，水会吃人的！”从小到大，妈妈总在他出门时反复叮嘱这句话，就连滴水成冰的严冬，妈妈也这样说。他清楚地记得，只要是夏天，他每次出门时，妈妈总是反复叮嘱他千万不要玩水，回家后，妈妈总是提上裤子在他腿上抓一把，验证是否玩水了，如果留下白色的抓痕，就证明玩水了。

“张超，快下水啊。”教员说。

张超嗫嚅：“我……还是有些怕。”

“张超，不要怕，跟你的飞行梦相比，这一池水又算得了什么！”

教员这句话，强烈地刺激了张超。

“张超，跳啊！”聂元闯在水中大声呼喊。

“张超，跳啊！军人死都不怕，还怕水吗？”另一位同学大声说。

是啊，作为一名军人，冲锋陷阵时，死都不怕，为了飞行梦想，怕水干什么！他闭上眼，咬紧牙，“扑通”一声跳下了水。

这是张超从小到大，身体第一次与水全方位地亲密接触。水凉凉的、柔柔的，像温柔的杀手。他被水围困着，感觉世界末日就要来临。正在这危急关头，他被一双有力的大手拽出了水面。他两脚着底站定，双手拂去脸上的水珠，这才发现水只淹没了他的肩膀，慌乱的心稍稍安定下来。

为了帮助他克服恐惧心理，教员时刻不离左右，手把手教他。让人意想不到的是，不到一个月，张超竟顺利通过了游泳考核。

聂元闯觉得很奇怪，是什么力量让张超克服了巨大的心理障碍呢？

张超说：“为了飞行梦想，我什么都可以豁出去！”

张超确实豁出去了，他利用一切时间勤学苦练，所有学习科目几乎都是优秀。2005 年 12 月 9 日，空军航空大学飞行基础训练基地政治部给张超家寄来喜报：“张超同志在二〇〇五年度被评为优秀学员，特此报喜。”

时光荏苒，转眼大学 4 年过去了。

2008 年 5 月 30 日，张超顺利毕业，拿到了军事学学士学位。

同年 7 月，张超同聂元闯一起分配到了海军航空兵某训练基地。基地组织了海防史、海军史的学习教育。张超了解到，近代西方列强从海上入侵中国竟然达到 470 多次，给中华民族带来了深重的灾难，他义愤填膺。在学习讨论会上，张超慷慨激昂地说：“作为共和国军人，一定要守好祖国的海疆，绝不能让历史悲剧重演！”

每个人都有理想，这种理想决定着他的努力和奋斗方向。从此，张超学习更加刻苦，飞行技术也突飞猛进。

张超的付出和取得的成绩，大家有目共睹。训练结束，临近分配时，领导和教员找他谈话，希望他留下来当教员。他谢绝了，神情坚毅地表示：“我想到一线部队去，飞战斗机！”

一天晚上，张超找聂元闯谈心。聊到“海空卫士”王伟时，张超说：“王伟是我心中的英雄，他敢与外军飞机较量，用生命捍卫国家主权和民族尊严，是个纯爷们！”聂元闯知道，张超骨子里有一种英雄情结，他始终想着部队，想着保卫祖国。

张超终于梦想成真，分配到了王伟生前所在的海军南海舰队航空兵某团。张超跟聂元闯关系非常好，很大一个原因是两人有共同的志向。聂元闯也是个志存高远的好男儿，他没有丝毫犹豫，同张超一样选择去王伟生前所在的飞行团。这样，张超同聂元闯多了一层特殊关系。他们既是大学同学，毕业后又分配在同一飞行团，成了战友。特殊的经历，让他们情同手足。

张超如愿以偿，十分兴奋，感觉自己一腔青春热血终于有了抛洒的机会。报到时，他掷地有声地告诉团长："我就是冲着王伟来的！"团长被张超的英雄气概感染，他想，这只雏鹰一定会成为翱翔蓝天的雄鹰。团长告诉他，要做王伟那样的"空中斗牛士"，必须是技术过硬的王牌飞行员。

团长一席话，点亮了张超心中的灯。

他查阅了有关王伟英雄事迹的资料，以追寻他的成长足迹。他发现，王伟之所以面对外国军机敢于用生命捍卫祖国的尊严，除了他飞行技术精湛外，更重要的是，他是一名中国共产党党员。对中国军人而言，入党既是一种荣誉，更是政治合格、素质过硬的体现。

在人民军队的历史上，冒着敌人炮火冲锋在前的是党员。董存瑞在解放隆化县的战斗中，在部队冲锋受阻的情况下，主动向连长请战，要求去炸掉暗堡。连长说："你已经几次完成爆破任务了。"没等连长说完，董存瑞说："我是共产党员，我的任务不只是炸几个碉堡。"在左腿负伤的情况下，他毅然抱起炸药包冲锋，冲到桥下。紧急时刻，他用身体当支架，手托炸药包，拉燃了导火索，并高呼："为了新中国，冲啊！"一声巨响，地动山摇，暗堡炸毁了，董存瑞用自己年轻的生命换来了战斗的胜利，被追授为"战斗英雄""模范共产党员"。黄继光参加抗美援朝上甘岭反击战时，在决心书上写道："坚决完成上级交给的一切任务，争取立功当英雄，争取入党。"他用胸膛堵住敌人的枪眼，壮烈牺牲，后来部队党委追认他为中国共产党党员，中国人民志愿军领导机关追授他"特级战斗英雄"的称号。

在和平时期，危难之时显身手的也是共产党员。苏宁在手榴弹即将爆炸的危急关头，推开战友，抓起手榴弹想扔出战壕，可时间来不及了，手榴弹在手中爆炸，他壮烈牺牲。1993 年，中央军委授予苏宁"献身国防现代化的模范干部"荣誉称号。在抗击 1998 年夏季长江流域的特大洪涝灾害中，李向群带病参加了 8 次抢险战斗，4 次晕倒在大堤上。最后一次晕倒在长江防洪大堤上后，因抢救无效献出了宝贵的生命。1999 年 3 月，中央军委颁布命令，授予李向群"新时期英雄战士"荣誉称号。

榜样是一种向上的力量，是镜子和旗帜，榜样让人时时看到奋斗的目标。张超心里有了学习的榜样，他要求加入中国共产党的愿望非常强烈。早在空军航空大学读书时，他就向党组织提出过申请，不知什么原因，一直没有消息。张超想，也许是入党申请书没有写好，对入党认识不深刻，他想到了向父亲求助。

父亲农民出身，能够被招工、入党、提拔，肯定有过人之处。父亲入党已十多年，对党的认识应该深刻。他担心电话里说不太清楚，他很认真地给父亲写了一封信。父亲接到儿子的信时，双手颤抖，心跳得飞快。自从离家上大学以来，儿子从来没有向家里写过信，有什么事都是打电话，方便快捷。

父亲满腹困惑，撕开了信封。父亲一目十行，急切地想知道儿子写了些什么。看着看着，父亲脸上露出了开心的笑容。儿子在汇报完自己的思想后，提出要父亲告诉他如何写认识深刻的入党申请书。父亲心里踏实了，回过头来又将儿子的信一字一句认认真真地看了一遍。

父亲足足考虑一天一夜后，才提笔给儿子写回信。他龙飞凤舞写了两页纸，临到邮政局投递时，总觉得心里不踏实。他返回家，又龙飞凤舞写了两页纸，为儿子写了一份入党申请书样稿。这下，他放心了，急匆匆去邮政局寄信给儿子。

几天后，他接到了儿子的电话，告诉他信收到了，非常感谢爸爸。

一个月后，他又接到儿子的电话，说他已被列为入党积极分子。

梦想一旦付诸行动，就会变得神圣。张超被党组织列入入党积极分子后，学习和训练都更加刻苦，仿佛浑身有使不完的劲，很快成为同批战斗机飞行员中的佼佼者，一举创下了多个“第一”——第一个放单飞，第一个夜航，第一个打实弹，第一个担负战备值班，是个名副其实的“飞行超人”。他成了三代机飞行员中的佼佼者，曾数十次带弹紧急起飞驱离外军飞机，首批驾驶歼-11B飞机飞临西沙永兴岛。他在改装二代机中第一个放单飞，单飞改装三代机比计划提前4个月完成，同战友们一道创造了海军三代机改装多项新纪录，成为全团几名“尖刀”队员中最年轻的一把“尖刀”。

第一、第一、第一！张超成了大家公认的“飞行超人”。“飞行超人”赞誉的背后，是他异于常人的努力和天赋。

飞战斗机，有一个很难的科目，就是空中抵达某一个点时，训练大纲对抵达时间误差有严格要求。以前大家接到飞行任务，事先都会做大量准备，但往往还是会有误差超标的事发生。张超在飞行实践中也遇到同样的难题，但他是个善于动脑子的人，琢磨着有没有既省力又准确的方法。仅仅两个星期后，张超就巧妙地把这个问题解决了，确保准确无误到达任意一点。为感谢张超的努力和付出，大家给它命名为“张超算法”，现在，全团飞行员一直沿用。

张超驾机遭遇过很多次重大险情，但他都能坦然面对。每次他能转危为安，靠的是他过硬的飞行技术，靠的是他对飞行事业的热爱，靠的是他对祖国的绝对忠诚。

2010年7月的一个夜晚，伸手不见五指。按照训练要求，晚上的训练科目是夜间跨区域转场。作为飞行骨干，张超同其他 6 名新飞行员一起参加训练，并成功实现“空中连环三级跳”。在海南机场准备降落时，天气突变，天空被浓积云覆盖。后来得知只有陵水机场有 30 分钟的窗口期可供降落，坐镇指挥的邱团长忧心忡忡：“这样恶劣的天气，新飞行员能行吗？”张超回答：“复杂气象这个关，我们迟早是要过的，团长你就让我们趁这个机会练练手吧！”张超和战友们沉稳驾驶，精心操作，抓住稍纵即逝的半小时窗口期，成功降落陵水机场。

2011 年 6 月的一天，张超和战友们刚参加完重大任务准备返场，突遇天气变化。乌云翻滚，暴雨如注，能见度瞬间不足千米，地面指挥命令空中 7 架飞机立即到备降机场着陆。没想到刚飞一段，急剧扩散的浓积云凶神恶煞般挡住了航路。浓积云是飞行禁区，如果飞机误入浓积云，轻则遭遇剧烈颠簸，重则被闪电击中机毁人亡。地面指挥了解险情后，当机立断，命令 7 架飞机折返本场降落。

哪知，机场跑道也是险象环生。因为暴雨下得急，跑道上布满积水。如果冒险降落，高速运转的机轮与积水接触后，就会像石头打水漂一样，飞机很难操控。而这时情况变得十万火急，7 架飞机的油料已所剩无几，飞机只能冒险着陆。张超得知情况后，主动请示率先着陆，为后面的机群开辟生命通道。获得批准后，张超驾驶战斗机呼啸着冲出厚厚的云层，迅速对准跑道，一个漂亮的“轻两点”接地，战机在积满雨水的跑道上冲起数米高的水帘，带着前轮—放伞—放下前轮—看速度刹车……凭着一连串娴熟的动作，成功避免了跑道积水侧滑险情，安全着陆。

在张超的示范引领下，后面的 6 架战机依次在大雨中安全着陆。

2012 年 1 月 9 日，张超参加跨昼夜飞行训练科目。张超刚完成三代机改装，驾驶战机起飞不久，他发现液压指示不正常，并有继续下降的趋势。张超心里明白，液压一旦失灵，战机操纵就会失控，后果不堪设想。张超异常冷静，果断地平稳转向 180° ，快速检查起落架收放装置，干脆利落地完成了一系列应急处置操作。随着液压的下降，战机越来越难操控，在地面指挥的引领下，张超临危不乱，精心操作，驾机安全着陆，避免了一起严重的飞行安全事故。为此，张超受到了部队嘉奖。

2013 年 3 月底，上级指示张超所在的飞行团派出战机转场到某机场执行战备值班训练任务。得知消息后，张超找到团领导主动请缨，强烈要求去执行战备值班任务。这完全是一个陌生的机场，环境差异大。出发那天，天气很好，蓝蓝的天，蓝蓝的海。海天间，张超驾机同编队像一群欢快的鱼儿在蔚蓝深处穿梭，充满诗情画意。

一个多小时后，编队飞抵机场上空。张超沉着稳健，对准跑道，下降—放起落架—着陆—放减速伞，一气呵成，以近乎完美的动作降落在距离短、风向变化快的陌生机场上。

一次，张超驾驶战机执行战备巡逻，途中战机突发剧烈抖动，左发动机突然停车。张超心里一沉，这是他第一次遭遇空中停车。张超有着非常好的心理素质，他不慌不忙，异常从容地关闭了左发动机油门，调整右发动机油量，不断修复失去平衡的战机，调整飞行姿态，成功驾驶故障战机返航。

艺高人胆大。张超练就了过硬的飞行技术，很快脱颖而出，成为全团“尖刀”中最优秀的一把。这把尖刀，闪着凛然寒光，保卫着祖国的海天。

2013 年 4 月的一天，外军一架侦察机又在我国周边抵近侦察，情况紧急。当天，由于多项任务叠加，仅剩张超这架备份机了。换在平时，像这种情况，都是双机起飞。祖国的主权不容侵犯，张超接到指挥所命令后，热血沸腾，以将生命置之度外的勇气，立即单机执行战斗起飞任务。看着张超驾驶战鹰腾空而起，指挥所还是有些放心不下，让张超这样的年轻飞行员单挑独斗毕竟还是第一次。

张超驾驶歼-8Ⅱ飞抵目标空域后，迅速占据有利位置，按规定进行跟踪监视，形成对外机的有力威慑。

外军是架大飞机，仗着低速性能，故意减慢飞行速度。歼-8Ⅱ飞机是一种高空高速截击机，低速是它的短板。当时，飞机还带着 3 个装满油的副油箱，飞行速度过低，可能会造成失速，最严重的后果是机毁人亡。张超在平常的学习、训练中，就接触过这类问题，并做过对付预案。张超胸有成竹，果断放下襟翼，增加飞行的升力，调整好飞行姿态，死死咬住外军飞机不放。外军飞机为了甩掉张超，继续减速。见状，张超索性收起襟翼，提高了飞行的机动性，在外军飞机侧方连续做小角度蛇形机动。几个回合下来，外军飞机无计可施，调转航向灰溜溜地逃走了。

无线电里传来指挥所指挥员的赞扬声：“好样的，张超，干得漂亮！”

张超以大无畏的英雄气概，搏击蓝天，驱赶外军飞机，飞出了南海雄鹰的风采，展示了中国海军的自信，捍卫了祖国的尊严。

我要飞得更高

>>>

ZHUMENG HAI-TIAN

JI "RENMIN YINGXIONG"

ZHANG CHAO

张超的下一个奋斗目标：
当一名飞鲨勇士，我要飞得更高！

其实，每个普通的日子都值得纪念，但如果要载入史册，那一天必定要承载特别的事件，被赋予特别的意义。

2012 年 11 月 23 日，全世界的目光都聚焦在中国第一艘航母辽宁舰上。这天，航母首飞试飞员戴明盟驾着战鹰在辽宁舰上成功起降。对人民海军来说，这是一件划时代的大事，标志着中国已完全掌握了舰载机着舰技术，一个强大的海军正展露曙光。

张超在电视中看到这条新闻时，心情格外激动。他把戴明盟当成了心中的偶像，梦想自己有一天也能成为舰载机飞行员，像戴明盟一样，驾驶战机潇洒地飞上辽宁舰航母，为建设强大的海军、保卫祖国作出更大的贡献。

从此，张超在心里又确定了自己的下一个奋斗目标：当一名飞鲨勇士，我要飞得更高！

2013 年 8 月底的一天，张超又看到了一条新闻：8 月 28 日上午，中央军委主席习近平顶风冒雨来到海军某舰载机综合试验训练基地，观看舰载机滑跃起飞、阻拦着陆训练。观看完训练后，习主席走到飞行员中间，与他们一一握手，勉励大家再接再厉、深入钻研、勤学精练，早日成为优秀的航母舰载机飞行员。习主席的殷切希望，舰载机战友们的挺拔英姿，深深地打动了张超，更加坚定了他当飞鲨勇士的决心。

机会总是垂青有准备的人。

随着我国航母事业的发展，海军实施超常规措施，在三代机部队遴选舰载战斗机飞行员。2015 年初，舰载战斗机部队到张超所在的飞行团遴选飞行员，带队的首长正是张超崇拜的偶像戴明盟。希望就在眼前，张超顿时欣喜若狂，喜滋滋地去找团领导。

团领导告诉他，作为飞行骨干，已报请提升他为飞行大队副大队长。言下之意，张超如果能留下来，也会有很好的发展前途。团领导劝他莫着急，考虑清楚了再做决定。

战友们知道了他想申请去当舰载机飞行员，也极力挽留他。飞舰载机是全新的项目，一切都在探索中，选择飞舰载机意味着要承担更大的风险。

张超说："飞行本来就是充满风险的职业，更是勇敢者的选择，我不怕，也用不着顾虑太多。是蛟龙就要闯大洋，是雄鹰就要搏海天。"

战友们纷纷朝他竖起大拇指。

张超是个家庭观念比较强的人，他告诉妻子张亚，自己想去舰载机部队飞舰载机。张亚一听，心里暗暗吃了一惊。

作为张超的妻子和战友，张亚平常也十分关心各国海军建设的新闻，她知道飞舰载机存在巨大的风险，非常担心丈夫的安全。她说：“超，我上网查过，西方某大国刚发展航母时，平均每两天就要摔掉一架飞机，牺牲了飞行员1000多名，风险很大啊！”

张超说：“你不是喜欢我驾机巡天的‘帅’吗？我的梦想就是飞中国最顶尖的飞机，我对自己的技术有信心。”

张超的话掷地有声，张亚沉默了。她太了解丈夫了，他这样说，一定是心里早就做出了决定。

“老婆，你是最懂我的人，关键时刻，你得理解我、支持我！”

作为一名军嫂，作为张超肩并肩的战友，双重身份坚定了张亚支持的决心：“我当然懂你，也当然理解你，关键时刻我不能拖后腿，只要你做自己喜欢的事，我都支持。”

“谢谢亲爱的老婆，真的好爱你！”张超开怀的笑声让张亚紧张的心放松了下来。

得到了妻子的支持，张超底气更足了，他第一个向团里递交了申请。在申请书上他郑重写道：“人民海军要想走向远海深蓝，就要有一群不畏风雨的海空雄鹰！”

为了早日实现梦想，短短几天之内，他五次找团领导汇报，表达自己强烈的愿望。

张超打听到了戴明盟住的地方，决定去见自己崇拜的偶像一面。

敲开戴明盟的房门，张超自报家门后说：“首长，我非常仰慕您！您于2012年11月23日驾驶飞鲨在辽宁舰上成功起落，写下了中国航母建设史上浓墨重彩的一笔。您是航母舰载战斗机英雄试飞员，您是大英雄！从那时起，我就暗暗下定决心，想要成为你们飞鲨战队的一员。”

张超是带着笑容说完这段话的，戴明盟一下子就喜欢上了这个一脸阳光的小伙子。

戴明盟问张超：“你知道这里面的风险吗？舰载战斗机飞行员的风险系数是航天员的5倍，是一般战斗机飞行员的20倍。”

张超身板一挺，仍是笑容满面地说：“知道，但我就是想来，要干就干最难的，要飞就飞舰载机！”

戴明盟目光炯炯地看着张超，打心眼里更加喜欢他了。小伙子眼神透亮，神情坚定，他说的话是从骨子里流露出来的，绝对不是一时的冲动，也不是冒险者的恣意激情，而是胸怀理想、志存高远的必然选择。这小伙子天生就是干飞行的料，戴明盟就喜欢这样纯粹追求飞行事业的飞行员。

“飞行是阳光下最灿烂的事业，是勇敢者最引以为豪的职业，舰载战斗机飞行员更是刀尖上的舞者。如果你能选上，你要有心理准备。”

张超斩钉截铁地回答：“报告首长，我时刻准备着，希望早日成为刀尖上的舞者，为建设我国强大的海军贡献自己的微薄之力。”

有梦想才有远方。最终，张超以第一名的成绩同另一名战友通过了近乎严苛的考核，成为一名光荣的舰载机飞行员。

2015 年 3 月 14 日，张超的人生又翻开了崭新的一页。这天，迎着从海面吹来的和煦春风，张超精神抖擞地迈进了梦想中的舰载战斗机部队军营，迈开了跃上航母的第一步。

同一天和张超一起肩并肩走进军营的是一名叫袁伟的战友，袁伟也来自南海海军某航空兵部队，他们虽没有在一个单位，但彼此都认识。巧的是他们俩都是湖南人，坐同一架民航飞机报到。

张超和袁伟的到来，成了飞行团的大事。代理教导员也叫王亮，与岳阳市七中的招飞体能训练老师同名。王亮喜上眉梢，忙上忙下，首先安排好他俩的住宿，住自己的隔壁 3004 宿舍。来之前，王亮知道他俩都是湖南人，特意提前叫了一个湖南籍的科长陪他俩吃饭，算是欢迎他俩。后来，王亮因开会耽误了时间，张超和袁伟在一楼大厅等了他 5 分钟才下来。王亮连声表示歉意，张超笑嘻嘻地说：“您忙，我们理解。”

吃了饭，几人聊了一会儿后，张超和袁伟没有回宿舍，而是急匆匆地去了模拟训练室。

第一次见面，张超给王亮留下了十分深刻的印象，张超笑容灿烂，是一个颇有感染力的阳光男孩。王亮温文尔雅，很有亲和力，大张超两个月，张超把他当兄长看待。

有一次，王亮跟张超聊天，聊到了家乡的美食。王亮老家河南商丘，他说最喜欢家乡的特产烩面和胡辣汤。

张超十分好奇地说："我没见过，更没尝过，有机会一定去尝尝鲜！"

王亮笑容满面地说："对我来说，胡辣汤就是家乡的味道，妈妈的味道。"

"我们洞庭湖盛产淡水鱼，有一百多种，对我来说，家乡的味道、妈妈的味道就是妈妈熏制的腊鱼。"张超眼望远方，脸上写满幸福。

"腊鱼？我们老家也有。"王亮说。

"我反正觉得我妈熏制的腊鱼味道最好，用稻草熏干，特别香软。"张超喃喃地说。

王亮笑眯眯地说："有机会我也尝尝。"

面对新环境，张超给自己确定了新目标。

他属于破格招入"快班"的插班生，当时，他所在班的飞行员已经培训了两年，为了赶上培训进度，他进入了近乎疯狂的学习、训练状态。周一到周六上课，周日去飞模拟机，时间排得满满的，几乎没有休息过一天。

邓伟大张超 5 岁，是先来一步的老学员，他住 3003 室，跟张超一墙之隔。没多久，张超就"缠"上了邓伟，向他虚心请教，经常一起讨论问题，成了关系很好的朋友。

邓伟告诉张超，要想进步快，就须克服短板，掌握过硬的技术。自己的问题心里要有数，别人才好帮忙。舰载机的操纵与陆基飞行完全相反，他以前掌握的过硬技术，反而成了他训练中的障碍。改装舰载机，是对陆基飞行操纵习惯的彻底颠覆。陆基战斗机着陆是收油门减速，舰载机着陆却要推油门加速，准备在挂索不成功的情况下再次起飞逃逸。刚训练时，张超油门操作比较平滑柔和，邓伟知道，这是他以前飞战斗机养成的肌肉记忆，而飞舰载机则要求飞行员小量高频推拉油门。“曲线”分析表明，张超的油门操作不符合上舰要求。

张超也意识到了自己的问题，但心里一直只是个抽象的认识。邓伟告诉他，认真看看自己的训练视频回放，再从中琢磨。从此，张超每天早晨 6 点起床，白天训练，晚上 9 点回宿舍后，一遍又一遍仔细观看自己的训练视频回放。遇到不清楚的问题，就虚心向邓伟请教。

舰载机着陆尾段 300 米是最关键的，张超在进行这个科目的训练时，对信号灯控制不够稳定，导致着陆时时高时低，下沉快。

邓伟帮他分析原因，认为主要是注意力分配的问题。飞机着陆时的飞行高度、飞行方向、飞行状态等需要飞行员正确判断和把握，因为注意力分配不科学，导致注意力循环出问题，所以着陆时出现偏差。

张超恍然大悟。

邓伟毫无保留地向张超传授自己的飞行经验。他说，新学员在飞行时，只是用眼睛看东西，忙于看各种仪表，很少能感觉到飞机的变化；老学员在飞行时，是用身体感受东西，把自己的感观打开，提前预知飞机的变化，做到人机合一。

张超问，怎么才能达到人机合一的境界呢?

邓伟告诉他，要把飞行当成一件快乐的事，做到快乐飞行，愉快放松，才能感受到飞机的变化。

训练中，张超总是提问最多的一个，“为什么”成了他的口头禅。

问题在一个个“为什么”中得到解决，张超的进步之快让人惊讶。

后来，张超得到了团参谋长徐英写的飞行笔记，他如饥似渴地学习着，在心里反复默记飞行要领。

徐英对阳光、向上、乐观的张超十分欣赏，对他寄予厚望。徐英告诉他，飞行员有三类：第一类是把飞行当工作；第二类是把飞行当事业；第三类是把飞行当艺术追求。张超表示，他一定记住领导的教诲，把飞行当艺术追求！

为了迎头赶上老学员，张超刻苦到了非常人能做到的程度。为改掉陆基飞行的肌肉记忆，他把自己绑在模拟飞行器上练习，练困了就趴在上面打个盹，醒来接着练。正常的模拟飞行与实际飞行的时间比一般是1:1，张超却达到了惊人的3:3，一年的飞行起落，相当于过去6到7年的训练总和。正是凭着这种拼命三郎的拼搏精神，张超的飞行技术突飞猛进，6个月赶上了训练进度，13个月完成了上舰前93%的飞行训练任务，创造了人民海军舰载机改装培训的神话。

刀尖上的舞者

>>>

ZHUMENG HAI-TIAN

JI "RENMIN YINGXIONG"

ZHANG CHAO

世上最快乐的事，

莫过于为梦想而奋斗。

天是蓝的，水也是蓝的。数不清的海鸥披一身洁白，在水天之间划出一道道优美的弧线，表演着神秘的舞蹈。

张超自己仿佛化身为一尾鱼，在一个晶莹透亮的世界里畅游。四周蓝莹莹的，彩色果冻一样的水母，鬼头鬼脑的乌贼，模样俊俏的小黄鱼伴随在他身边，他舒展四肢，尽情享受童话世界般的快乐。忽然，看见一条大白鲨大摇大摆地向他游来，他心里一紧，赶紧跑开……

他猛地惊醒。

实在太疲倦了，刚才趴在书桌上休息了一会儿，没想到做了一个奇怪的梦。张超拍了拍后脑勺，脸上泛起一丝自嘲的笑容。

他走出房间，站在阳台上向远处眺望。天边的火烧云将天空涂抹得一片绚烂，大海被映衬得金碧辉煌。海面上十分热闹，白色的浪花一排紧追着另一排，不知疲倦地玩着冲锋的游戏，海鸥像卖力的啦啦队员，追逐着浪花欢快地鼓劲加油。张超咧嘴笑了，活动了一下身子，顿感神清气爽，从阳台回到房间。

再飞3个工作日，张超就将完成剩下的训练任务，驾驶“飞鲨”飞上我国第一艘航母辽宁舰。世上最快乐的事，莫过于为梦想而奋斗。想到自己的梦想就要实现了，他走路都脚下生风，浑身劲鼓鼓的。

4月初的一天，飞行大队长王勇给他布置了一个任务，要他将训练体会和经验整理出来编成教学法，为后续改装的飞行员提供借鉴。张超胸一挺，给王勇敬了一个标准的军礼，大声说：“保证完成任务！”话语铿锵，满脸笑容比阳光还灿烂。王勇拍了拍张超的肩，称赞道：“超，我相信你！”

王勇的赞许是有根据的。张超入伍12年，从未停止过大胆探索的步伐，从山海关到海南岛，从西沙再到关外，先后飞过8种机型，每种机型他都力求飞到完美，是战友们公认的“飞行超人”。张超作为飞行团少数几个曾驾驶歼-11B战机，有过实际使用武器经验的飞行员，由他承担编写歼-15战机实际使用武器教学法的重任，再合适不过了。

接受了王勇大队长布置的任务后，张超在紧张的飞行训练之余，利用一切时间收集资料，撰写论文。20多天里，就整理出视频资料200余份，心得体会2万多字。

张超正盯着电脑忙碌，放在桌上的手机忽然唱起了欢快的歌。张超拿起手机，手机屏幕显示是“老婆”打来的。张超立刻按下接听键，笑声朗朗地说：“亲爱的老婆好！”

“作为一个飞行员，一点都不稳重，油嘴滑舌的。”老婆张亚娇嗔道。

“我喜欢你啊，在你面前，油嘴滑舌也是爱。”

平常很少说甜言蜜语的丈夫这么说，张亚心里顿时甜甜的、软软的、暖暖的。

“向你报告一件事。”张亚说。

“什么事这么作古正经？”

“你是海军少校，我是普通士兵一名，当然是向首长报告。”

张超在电话里“呵呵呵呵”地笑得更欢了。

张亚说：“我买了明天去沈阳的车票，先去朋友那里玩几天，然后五一假期再来部队与你团聚。”

“好啊！我的上舰训练只有3个飞行日了。你五一假期来部队，我应该可以顺利通过上舰考核。”

“好好，先预祝你梦想成真！”

“谢谢亲爱的老婆！”

“超，我等着你捧着百合花来车站接我。告诉你，我特意为你做了头发，穿了你最喜欢的那套连衣裙，一切都是美美的哦！”

“好啊好啊！你等着我！”

“超，我每分每秒都在想着你！”说完，张亚的眼睛湿润了。

张超明显听到了老婆的哽咽，脸上的笑容消失了：“亲爱的老婆，别难过了，我们马上就要见面了，你要开开心心的，我会准时去车站接你。我爱你！这辈子我都会好好地爱你！”

接完老婆的电话，张超心潮难平。为了平静心情，他习惯性地打开了音乐，点开了自己最喜欢的歌曲《飞得更高》。

我要的一种生命更灿烂
我要的一片天空更蔚蓝
我知道我要的那种幸福
就在那片更高的天空
我要飞得更高 飞得更高
……

雄浑、粗犷的歌声仿佛奔腾的江水洗濯着脑际的杂念。听完歌，张超心情平静了许多，他赶紧继续手上的活儿。

张超双手起舞，键盘敲得噼啪响。响声时而急促，时而缓慢，像击打非洲鼓一般。他感觉有人进来了，抬起头，见是大队长王勇，马上起身站立。

“超，课件编得怎么样了？”

“报告大队长，请您放心。课件已基本编完，明天飞完后，我就把它交给您。”

王勇朝张超竖起了大拇指，笑了笑走了。

王勇刚走，同宿舍的战友艾群回来了。

“超，忙什么呢？”

“正赶编王勇大队长布置的课件。”

“完成得怎么样了？”

“基本编完，明天可上交。”

“超，休息一会吧，喝杯茶，喝你带来的君山银针。”艾群说。

“谢谢，我有茶。君山银针是我家乡的特产，是洞庭三宝之一，你留着慢慢品尝。”

艾群是东北人，第一次听说洞庭有三宝，顿时来了兴趣：“另外的两宝是什么？”

“君山金龟和洞庭银鱼呀！”

“哇，你的家乡真不错！除了驰名中外的岳阳楼还有这么多名特产。”

“谁不说俺家乡好！以后有机会去岳阳，我请你游岳阳楼，赏洞庭金龟，喝君山银针，吃洞庭银鱼。呵呵，给你一条龙的优质服务。”

“好啊，以后会有机会的。”艾群双手捧着君山银针茶，闻了闻，“清香扑鼻，神清气爽。”

“超，你只有3个飞行日就可以上舰了，心里紧张不？”

张超呵呵笑了，脸上现出两个浅浅的酒窝：“不紧张，我对上舰充满信心。”

“超，凭你的技术，我充分相信你！”

无论是在南海舰队航空兵飞行团，还是在海军舰载航空兵部队，战友们都喜欢叫他“超”。这个“超”内涵丰富，是“赶超”的“超”，是“超越”的“超”。

艾群在悠闲地品着君山银针茶。张超在忙着整理资料，不知为什么，他突然想起了女儿。一想到女儿含含，他眼前仿佛闪现了她那俏皮可爱的模样，一股幸福的暖流涌向心田。他无法平静心情，干脆停下手里的工作，跟艾群聊天。

“艾哥，刚才一瞬间，我突然很想我女儿了。”

女儿含含刚满两岁，张超对她特别宠爱，只要跟战友提起女儿，他总是说，要让她成为世界上最幸福的小公主。

他给自己取的微信名是“含含爸——查理”，乍看上去，这微信名有些怪怪的，其实，它大有深意。“查理”是张超给自己取的英文名，在世界舰载战斗机飞行领域，“查理信号”是每一个新飞行员梦寐以求的着舰信号。听到它，就意味着自己即将完成第一次着舰飞行，成为一名真正的舰载机飞行员。张超的英文名，蕴含了一名新时代中国军人的梦想和追求。

一个微信名，介绍了两个身份，呈现了两个梦想。家与国的责任，时刻沉甸甸地压在张超这个热血男儿肩上。

他每天不管多忙，都要同女儿视频，这成了他紧张训练之余最开心幸福的事。

艾群虽然没有当面见过张超的女儿，但从他跟女儿聊天的视频中见过几次。含含乖巧可爱，还对着视频叫他叔叔。

“你既然想女儿了，就视频呗！”

张超神情怪怪地说：“我就是突然莫名地想她，但又不想马上视频。”

“那你看看你手机里的照片和储存的视频，”艾群轻轻地啜了一口茶，微笑着说，“我记得我女儿大你女儿两天，也是十分调皮可爱，只要想到女儿，什么烦恼都没有了。都说女儿是父亲上辈子的情人，有个女儿真好！”

张超眼望窗外，喃喃地说：“我女儿确实乖，真乖！”

生死4.4秒

>>>

ZHUMENG HAI-TIAN

JI "RENMIN YINGXIONG"

ZHANG CHAO

“跳伞！跳伞！跳伞！”

耳麦里急呼声不断。

张超一整天都处在极度兴奋中。换在平常，他很快就能入睡，而昨夜他却辗转反侧，难以入眠。

上舰资格证、辽宁舰航母、妻子张亚幸福的笑脸、女儿含含天真可爱的模样……像电影般不断在脑海中闪现、叠加、翻滚。

这是怎么了？张超微闭双眼，暗暗问自己。他又做了几次深呼吸，头脑反而越来越清醒。作为一名舰载航空飞行兵，最大的梦想当然是上舰，在辽宁舰航母上潇洒起降。然后，随着舰载机飞向远海，飞向深蓝，飞出人民海军的勃发英姿，飞出维护海权、卫我海疆的雄心壮志，飞出海洋强国的凛然气概。他所有的追求，所有的付出，所有的牺牲，都是为了这一刻。为了这一刻，和他共同等待的还有他的妻子、他的女儿。

他清楚地记得，自己是 2015 年 3 月 14 日加入舰载机航空兵部队的，到 2016 年 4 月 27 日，已有一年多。这段时间内，妻子张亚数次提出来部队看望他，他总是委婉拒绝：“等我上完舰你再来吧，只有真正驾驶‘飞鲨’在航母上起降了，才算得上是舰载战斗机飞行员。等到那一天，我希望你手捧鲜花，同女儿一道，迎接我的凯旋！”

善于等待的人，一切都会如期到来。妻子理解丈夫，不再提出要求，她只是在心里默默地祝福，默默地等待。

不知什么时候，张超终于进入了梦乡。

清早起来，他还是感觉到头有点沉。活动了一下筋骨，洗漱完毕，他浑身又充满了活力。朝镜子里的自己笑了笑，他双手竖起了大拇指。这是他的招牌动作，他有个习惯，每次起飞前和着陆停稳出舱前，都会给地勤人员伸个称赞的大拇指。他希望今天这个招牌动作能一如既往地让地勤人员感到温暖，让自己享受成功的喜悦。

临出宿舍门时，他下意识地看了一眼贴在门旁的姓名牌，上面有他的人生格言：“提笔安天下，跨马定乾坤！”豪气冲天的两句话，表达出他高远的志向和献身祖国的决心。他咧嘴笑了，朝阳映照在这张年轻帅气的脸上，让天地生辉。他同艾群迈着矫健的步伐走向接送到外场的客车。

7 点，张超同战友们坐车来到了外场。

走下车，张超明显感觉到一股凉意，他的身子莫名地哆嗦了一下，下意识地双手抱胸。他望了望天空，蓝天白云，一片祥和。他眉宇间洋溢着一股喜气：这么好的天气，真是天助我也，两个架次的飞行任务应该是小菜一碟。他对战友丁阳说：“阳哥，看我的，一准拿个优秀。”

第一个架次是超低空掠海突防飞行科目。这个架次的飞行是歼-15飞机战术训练中的难点。在离海平面不到30米的高度，飞机以时速800千米高速飞行，风险极大，但隐蔽突防能力极强，出其不意，给敌人致命一击。

张超稳健地登上了117号歼-15战机，座舱盖关闭之前，他轻轻拍了拍心爱的“飞鲨”说：“兄弟，出发吧。”他扭头朝机械师竖起了大拇指示意，脸上洋溢着自信阳光的微笑。

着舰指挥官王亮对张超这种微笑特别熟悉，张超这种微笑也是他的另一个“招牌”，标准的嘴角上扬15° 。王亮知道，辽宁舰的飞行甲板仰角是14° ，这种人与舰的天然紧密联系，预示着张超一定能获得航母上舰资格证，实现自己报效祖国的梦想。

“祝福你，好兄弟！”王亮也回敬了张超一个大拇指。

“飞鲨”喷出了蓝色的火焰，声音震耳欲聋，仿佛雷霆万钧，让人血脉偾张。

滑行、起飞、拉升……一系列动作如行云流水。

张超驾驶“飞鲨”很快来到了预定海空。从上往下看，渤海湾云淡风轻，呈抛物线状的海岸线紧紧拥抱着一片蓝色的水域。天气非常好，能见度很高，他能清楚地辨别出哪是货轮，哪是渔船。耳麦里传来飞行指挥员的命令，命令张超马上进行超低空掠海突防飞行科目。张超深吸了一口气，熟练地操纵着仪器，“飞鲨”开始平稳下降。

800 米、500 米、300 米、100 米……

张超能清楚地看见海上涌起的浪花，这些浪花就像是他的老朋友，在热烈鼓掌，等待他精彩绝伦的表演。

由于这个科目风险性很大，开始飞这个科目时，部队首长非常慎重。张超是个有冲劲、敢担当、敢冒险，也敢于迎接挑战的热血青年，他曾对战友说："每个人都会珍惜生命，但飞行员首先要珍惜有限的飞行生命，不能一遇危险就收起飞翔的翅膀。"当初，张超在空军航空大学毕业填报志愿，要求分配到海军南海舰队航空兵某团当战斗机飞行员时，在日记中写道："飞行不仅是勇敢者的事业，更是我的使命所系、价值所在。"

是雄鹰就要搏击风雨！是"飞鲨"就要征服海天！

张超一再请战，部队首长被他大无畏的英雄气概感动，批准了他的请求。他凭着过硬的技术，超人的胆量，第一个完成了这个飞行科目。现在，张超要重复这个飞行科目，自然信心十足。

50 米、30 米。

"飞鲨"下降到了极限，巨大的气流掀起了欢腾的浪花，"飞鲨"飞过，仿佛后面拖了一条白色的长龙。天上一条"飞鲨"，海里一条"长龙"，蓝天白云下，构成了渤海湾最独特、最美丽的画卷。最终，张超的战术动作衔接流畅，高质量地完成了规定科目。休息了一会儿，中午12点半，张超开始进行第二个架次的飞行。

舰载机飞行是世界上公认的最危险的飞行，与陆基飞行相比，舰载机飞行最大的难题是着舰区域有限，必须控制战机着舰误差前后不超过 12 米，左右不超过 2 米。

按照训练计划，张超今天需要在与辽宁舰甲板1:1的着舰区连续完成6次陆基模拟着舰。他驾驶的仍然是117号歼-15战机。

“兄弟，出发吧。”他一脸笑容，轻轻拍了拍战机。

开车、滑出、拉升……

引擎发出巨大的轰鸣，机尾喷出蓝色烈焰，银灰色的战机如离弦之箭腾空而起。

升空后，战机围绕模拟着舰区盘旋。航母着陆甲板上有 4 根拦阻索，要求飞行员在第 2 根到第 3 根拦阻索之间着陆，左右不超过 2 米。着陆过程中，航母和舰载机都处于运动中，同时还要考虑气流等复杂环境影响，因此，舰载战斗机的着舰飞行被形象地称为“刀尖上的舞蹈”。

飞机的每次起降都会在模拟着舰区留下漆黑的轮胎擦痕，日积月累，模拟着舰区留下了一方黑色的区域，大家习惯称之为“黑区”。

对中俯冲，后轮触地，前轮触地，拉升复飞……张超毫无悬念地完成了前 5 次陆基模拟着舰。他飞得很棒，现场所有人都为他叫好。

只有最后一次陆基模拟着舰了，张超抑制住内心的喜悦，沉着稳重地操纵战机。

“看灯”“对中”“保角”……

这些下滑的操纵要领，对已有数百次陆基模拟着舰经验的张超来说，是驾轻就熟的事，早已形成“肌肉记忆”。

飞机开始降落。着舰指挥官王亮密切关注着飞机姿态的变化，随时发出修正指令。飞机整个下滑过程精准稳定，自然流畅，近乎完美。

12时59分10秒，飞机沿着标准下滑线从王亮眼前呼啸而过，在模拟航母甲板的第3根拦阻索前4到5米的位置，后轮率先触地。王亮看得真切，心头一阵喜悦。这个落点，是舰载战斗机最理想的着舰位置。王亮和指挥助理不约而同地喊了声“漂亮”，在记录板上打出了本场次的最高分。

紧接着，飞机前轮触地，快速平稳地向前滑去。一切都和预想的一样美好，大家都松了一口气。

指挥塔台下，一间办公室内，部队长戴明盟同参谋长张叶正在商议第二天的飞行计划。

然而，令人猝不及防的是，战机滑行了2秒钟不到，无线耳麦突然传来了急促的语音警告：“117电传故障，检查操纵故障信号！”

王亮听得清清楚楚，心一下子提到了嗓子眼。他知道，电传故障是歼-15战机的最高等级故障，一旦发生，意味着战机将会失去控制，就像是人体的神经控制系统被阻断，躯干四肢不听大脑指挥了一样。

12 点 59 分 11.6 秒，滑跑时速超过 240 千米的飞机像一匹狂奔的烈马，前轮猛地弹起，机头急促上仰，尾椎蹭在地面，瞬间火花四溅。

突发险情，让所有在场人员惊出一身冷汗。在报警声中，战机的机头一下子抬了起来。按照特情处置规定，遇到这样的故障，可以立即跳伞。红色弹射手柄就在手边，只要一拉，就能弹出。

“跳伞！跳伞！”王亮对着无线电大声喊。

“跳伞！跳伞！”飞行指挥员徐爱平几乎同时与王亮一起急促高呼。

然而，张超没有立即跳伞。危急关头，他第一时间将操纵杆猛推到底，紧紧把牢，试图把上仰的机头强压下去，挽救这架造价数亿、朝夕相伴的“飞鲨”兄弟！可张超感觉到，飞机状态没有什么改善。

“跳伞！跳伞！跳伞！”耳麦里急呼声不断。

机头还在上仰，瞬间达到 82° ，几乎与地面垂直。在巨大的惯性下，飞机骤然离地 20 多米。

张超付出了自己能做的所有的努力都不能控制飞机，无奈之下，他只得拉动了弹射手柄，“砰”的一声，连同座椅弹射出来。

不幸的是，由于高度太低，弹射角度太差，超过了安全边界的极限，救生伞没来得及张开，张超就重重地摔向了地面。

那一刻，是 12 点 59 分 16 秒。

后来的飞行记录表明，从战机报警到跳伞离机，在短短的 4.4 秒里，张超的动作是全力推杆到底。

戴明盟和张叶马上往外冲，一路狂奔。

所有在场人员都朝张超落地的方向，一路狂奔。

狂奔！狂奔！狂奔！

张超！超哥！你挺住，挺住啊！

近了，更近了，还剩 20 多米的时候，戴明盟看到张超的胳膊动了一下。

“人活着就好！”戴明盟稍微松了口气。

戴明盟、张叶跑上前，迅速给张超解开氧气面罩，摘下头盔，割断伞绳。

张超脸色发青，嘴角有血，表情十分痛苦。

“左胳膊痛，可能是骨折……”张超用微弱的声音说。

浓烟中，救护车疾驰而来，张超被紧急送往医院。20 多分钟的路程，张叶从未觉得如此漫长。

张超微微睁开眼，看着张叶说：“我是不是要死了，再也不能飞了？”

张叶紧握着张超的手说：“好兄弟，你不会死，你还能飞。”

张超闭上了眼，没有再答话。

张叶在他耳边轻声呼唤："张超！张超！……"

救护车一路悲鸣着向前疾驶。护送的战友不断呼唤："张超，坚持住，坚持住啊！"

一路上，张超处于浅昏迷状态，断断续续地说："我，是不是，再也不能飞了……"生死关头，张超想的还是航母梦，表达出对飞行事业的无比眷恋。

医院早就接到了通知，所有抢救准备工作就绪。张超被送进手术室，医生争分夺秒地抢救。检查后发现，由于受到巨大的撞击，张超多处骨折，全身遭受多发性严重复合损伤。

尽管积极施救，尽管想尽了一切办法，但还是回天无力！

"张超！张超！"战友们急切呼唤，泪雨滂沱。

"张超！张超！"张超不语，天地含悲！

4 月 27 日下午 3 点 06 分，张超的心脏停止了跳动，他的生命刻度停留在 29 岁，成为永恒。

他是海军舰载战斗机部队牺牲的第一位飞行员，也是献身海军航母事业的第一人。

张超的安危牵动着海军领导的心。事故发生后，海军主要领导第一时间赶往部队，并铿锵发声：张超烈士先进事迹感人，催人奋进，我们将永远缅怀他，并誓将他未竟的事业进行到底。

魂系蓝天

>>>

ZHUMENG HAI-TIAN

JI "RENMIN YINGXIONG"

ZHANG CHAO

张胜华弓着背，脚步踉跄，老泪纵横：

“超崽，你尽力了，跟爸爸回家！”

4 月 28 日下午 3 点左右，火车停靠在北京站。

刚下车，张亚就明显感觉气氛不对。接她的汽车直接开进站里来了，来的人中她只认识一位，是张超在南海舰队的战友裴英杰。通过介绍，来接她的人中有一位副政委。

当她看到有一位医生在场时立刻意识到张超问题的严重性了，她在心里暗暗祈祷，但愿张超没事，平安！

汽车在滚滚车流中穿梭，张亚眼望窗外，心跳得飞快，不知道要到哪里去，焦急万分。她紧紧抓住裴英杰的手，问张超到底在哪，情况怎么样。裴英杰说，张超受了点伤，正在医院抢救。张亚心急如焚地说：“我同张超血型相同，都是 AB 型，需要任何器官，我都可以给他，不管瘫了残了，我都不会放弃，我愿意照顾他一辈子。”

大家在生活里、从影视作品中见了许多海誓山盟，有些是华丽辞藻的堆砌，有些是虚情假意的表达，面对张亚发自肺腑的表白，每个人的心弦都被强烈地拨动了。

裴英杰泪眼蒙眬，脑海里情不自禁闪现出难忘的一幕：

他在南海航空兵部队第一次战斗起飞时，张超飞的长机，他飞的僚机。张超带他飞的航线，正是当年“海空卫士”王伟战备值班飞过的航线。那天，天气晴朗，蓝天白云下，祖国的海疆无限壮丽，他们驾驶战鹰潇洒地穿行在碧海蓝天间，保卫着祖国的安宁。为了“飞鲨”梦，他们先后来到舰载航空兵部队，又成了朝夕相处的战友。

哪知，张超壮志未酬，却已魂归海天。

不知过了多久，车停了下来。裴英杰在她耳边轻声说：“张亚，你要坚强！”张亚晕晕乎乎下了车，抬眼看到了“殡仪馆”的字样。顿时，她惊恐万分地瞪大了眼，心脏仿佛一下子跳到了喉咙，堵得呼吸都觉得困难。她发疯般跑向殡仪馆。

她一眼看到张超静静地躺在那里，顿觉天旋地转，一下扑到他身上，哭喊道：“超，快睁开眼看看我！超，快睁开眼看看我啊！”

张超似乎在沉睡，怎么也摇不醒。

张亚每次来看望张超，张超总是早早地到车站或机场迎候。他知道张亚喜欢百合花，每次都抱着香气四溢的百合花迎接亲密爱人。

“超，我来看你了，你的百合花呢？我要百合花，超！”

她双膝跪地摇着他手臂撕心裂肺地哭喊，在场的人无不热泪盈眶。

张超沉默不语。张亚突然想起 27 号下午 1 点在家里莫名慌乱的感觉，张超刚好是这个时间点左右出的事故。她猛然意识到，那是张超通过另外一种神秘方式传递生离死别的消息，想到这里，她抚摸着他冰冷的脸，吻着他苍白的嘴唇，喃喃地说：“对不起，超！我来晚了，你走得那么孤单。”

张超还是沉默不语。

“超，你怎么不理我啊？你答应过我，为了照顾我，你要走在我后面的，你怎么忍心先走了啊！”

张亚找工作人员要来一把剪刀，做了一件令所有人动容的事，她剪下自己的一缕头发，小心翼翼地放在张超胸前的口袋里，哽咽道：“超，这是我给你的信物，下辈子你好找到我，下辈子我还嫁给你！”

自古头发又名青丝，与情丝谐音。身体发肤受之父母，从古至今，如果哪个女人送男人一束头发，是表达她对男人坚贞不渝的爱情。在中国的历史长河中，割发赠夫的事例屡见不鲜，而作为新时代的女性，张亚的这一举动，还是让人震撼。其实，张亚表达的意愿，西汉大臣苏武早在他的《留别妻》中作了诠释：“生当复来归，死当长相思。”

张超牺牲后，战友们争相为他 24 小时守灵。团参谋长徐英发现张超胸前佩戴的仍然是二级飞行等级证章，心里格外难受。

张超牺牲前，累计飞行时间已经达到一级飞行员的标准，相关请示文件也已经上报。只是由于工作流程的原因，一级飞行员等级证章还没有发到他手上。

徐英思前想后，坐卧不安，他想，决不能让英烈带着遗憾走。追悼会的头一天，他专门赶到殡仪馆，摘下自己的一级飞行证章，郑重地别在张超的胸前。

徐英思绪难平，回来后饱含热泪写了一首百行长诗《安宁的所在》：

你盼着成为一级飞行员
我的证章别在你胸前
带着我的祝福我的牵绊
愿你在天堂里飞得更远
……

徐英说："张超的证章，我会一直珍藏。我要带着这枚胸标一起飞上航母，完成他未竟的心愿。"

张超刚牺牲的那几个晚上，同班战友都不约而同地聚集到他的宿舍，久久不愿离去。他们开着门，亮着灯，期盼奇迹出现，期盼能再次看见那个熟悉的身影。

然而，那个浑身透着真诚的兄弟再也不会回来了。

艾群和张超同住一个房间，张超牺牲后，团领导担心艾群触景伤情，提出让他换个房间。教导员王亮找他谈话，艾群拒绝了，他说："不用，我已经调节好了，我能把这'伤情'

变成乐观，变成动力，把兄弟装在心里，到时候带着兄弟一起上舰。”

艾群的话，道出了战友们的心声。战友们誓言铿锵：无论前面的路有多艰难，我们都要带着张超兄弟一起上舰！

接到儿子牺牲的噩耗，张胜华顿感天旋地转。1978 年他同老伴李四荣结婚，一共生育了四个儿子，前面三个儿子都不幸夭折，张超是老四，家里的独苗，唯一的希望。现在家里的独苗走了，他感觉一生的希望也破灭了。

他清楚地记得儿子最后一次回家探亲，返回部队坐的是岳阳东站到北京西站的高铁。发车时间是 4 月 3 日 16：13，到达北京的时间是 22：20，整个行程 6 小时 7 分钟。他当时要送儿子上高铁，儿子不同意，怕他劳累。没想到，仅仅半个多月就是阴阳两隔。

他同老伴跌跌撞撞来到儿子生前所在的部队。

部队长戴明盟闻讯第一时间去看望他们，戴明盟握着张胜华的双手久久无语。张超是他亲手挑选出来的，是他的爱将，突然牺牲，他悲痛不已。面对一脸悲戚的英雄父母，戴明盟心头生起愧疚之情。

张胜华先开了口：“孩子给组织添麻烦了，给部队添麻烦了。”

张胜华的话让戴明盟心头一震，没想到张胜华如此深明大义。他哽咽着说：“我们对不起二老！”

“超崽爱这个，飞行是他的命，”张胜华眼含热泪，十分坚定地说，“不怨你们，我是共产党员，我有这觉悟，要讲大局，我懂！”

戴明盟事前准备好的安慰的话，一句也说不出来。面对英雄父亲的大义和豁达，他满怀崇敬，仿佛一下子从张胜华身上找到了张超如此优秀的答案。

部队首长给张胜华和老伴放了张超最后的飞行视频，张胜华老泪纵横，老伴更是号啕大哭。

沉默半晌，张胜华不甘心地问：“当时真的没有更好的办法了？”

陪同的部队首长和战友们都摇摇头。

张胜华用衣袖抹了一把眼泪说：“超崽，你尽力了，爸爸心安了！”

临走时，张胜华向部队副政委戚华栋提了一个要求：“视频能给我们保留一份吗？等孙女长大了给她看，让她知道她爸爸有多么了不起。”

戚华栋鼻子一酸，十分感动地说：“无论什么时候，孩子随时来随时看。这支部队永远在这里，这里永远是张超的家，永远是孩子的家！”

也许是感动了老天爷，张超遗体告别的那天，暴雨如注，老天爷以自己的方式宣泄着内心的悲怆。

战友们都冒雨来送张超最后一程。

教导员王亮清楚地记得，那天早晨 8 点，他同袁伟、邓伟、艾群、杨勇等坐车去市里殡仪馆。刚上车，狂风大作，暴雨如注，这样的天气在这个季节十分罕见。大巴车的挡风玻璃上雨水横流，很难看清路面，司机只能小心翼翼往前开。

车在离殡仪馆 100 多米的地方停下，王亮和战友们都冒雨奔跑过去，豆大的雨点打在脸上生疼。王亮一眼看见安躺在鲜花丛中的张超，眼泪情不自禁地流了出来。他脑海中像电影似的闪过一张张画面：张超来报到时，他请张超吃饭，自己因开会迟到 5 分钟，心里一直过意不去；张超在模拟训练室加班加点；张超跟战友们一起讨论飞行问题；张超从家里带来特产酱板鸭、君山银针茶；自己患重感冒后，张超端来热气腾腾的胡辣汤……泪水和着雨水在王亮脸上流淌。他在心里默默祝愿："好兄弟，一路走好！"

张亚强忍悲痛，带着刚满两岁的女儿含含来送丈夫。女儿含含还不懂事，看到周围很多人，好奇地问张亚："妈妈，你们都在干什么呀？"

张亚内心一阵绞痛，紧紧抱着女儿泪如雨下。

含含看见妈妈哭了，仿佛意识到了什么。她突然看见了灵堂里悬挂的张超遗像，伸出小手指着张超的遗像，大声哭喊："爸爸，我要爸爸！"

含含稚嫩、尖厉的哭声像子弹一样穿透每个人的胸膛，大厅里抽泣声一片。

张亚将女儿抱到丈夫的遗像前，抑制住内心强烈的悲痛，对女儿说："含含不哭，爸爸飞行太累了，不要打扰爸爸睡觉觉。"

是的，张超确实太累了。他心里装着祖国，装着热爱的飞行事业，总是非常忙碌。

在南海驻训和战备值班期间，张超几乎天天与外机进行面对面较量。面对外机的肆意挑衅，他斗智斗勇，寸土不让，以不怕牺牲、大无畏的英雄气概守卫着祖国的海天，捍卫着祖国的尊严。就连结婚这样的大事，他也只能利用战备值班间隙完成，婚礼的前一天才匆匆赶回家。婚礼上，他致答谢词时，说的第一句话竟是"非常感谢正在一线战备值班的战友，让我有时间举行婚礼"，在场的亲朋好友无不肃然起敬。

张亚同张超结婚 5 年，但真正待在一起的时间连一年都不到。当初，因为训练紧张，两个人连婚纱照都没有时间拍。作为一对"80 后"的年轻人，一个是飞行员，一个是空姐，结婚没有照婚纱照，别人听来，也算是一个奇闻，但对他们自己来说却只是一个遗憾。

直到 2016 年春节，这个遗憾终于弥补了一半，一家三口在一家不需要预约的摄影店拍了一套全家福，但仍然没有拍婚纱照。

他们是志同道合、心心相印的夫妻，张亚把自己的心声写进了一篇名为《风筝》的文章中："一度也有过恨意，恨他放得下我和女儿，恨他把国家置于儿女情长之上……可我更爱他，怨恨再多也不过是天上的星星，而爱却是太阳。"

往事一幕幕在张亚头脑中闪现，她痛不欲生。

"张超，你醒醒啊！你的上舰梦想还未实现，你为什么这么急着走啊？

"超，你的宝贝女儿含含叫你呢，你怎么不答应啊？

"超，按照我们的约定，你驾驶'飞鲨'在辽宁舰着舰后，我和含含捧着鲜花迎接你的凯旋。你为什么临阵脱逃？你为什么食言啊？往后没有你的日子，我该怎么过啊？"

张亚的哭诉刺痛了每个人的心，张超身着笔挺的戎装躺在鲜花翠柏中一言不发。

有战友替张超做了回答，团参谋长徐英在专为张超作的百行长诗中写道：

想我你就偷偷地哭
让泪水洗去岁月的孤独
家庭的重担你一人承担
想我你就偷偷地哭
那是坚强的倾诉
孩子面前你挺起脊梁
……

张超到舰载航空兵部队一年多，张亚几次提出想去部队看他，了解一下生活的环境怎么样，可张超每次都拒绝了。有一次，张亚实在被思念折磨得夜不能寐，茶饭不思，就一个人偷偷地来到了部队。在营区大门前，张亚远远地看着威严的哨兵，她不敢上前。如果要进营区，就必须要告诉哨兵自己是谁的家属，那样，张超知道后肯定会批评自己。她几次走近又几次走开，她多么希望奇迹出现，看见张超恰巧路过，远远地望一眼，只一眼就心满意足了。然而，只有寒风吹过，她默默地、无比失落地返回，留下的孤单背影，谱写了一首军嫂思念丈夫、理解丈夫、胸怀大局、甘于奉献的绝唱。

今天，她终于来了，而张超却走了。

世上有很多机会不能等待，错过一次就是错过一生。

张超牺牲后，飞机维护员闫黎凯主动要求为他守灵。连续几天几夜，他坐在灵堂里基本上没合眼，春节火车上与张超相遇的一幕，不时浮现眼前。

2016 年 2 月 1 日，腊月二十三，张超背着一个大旅行袋从葫芦岛市上了 Z12 次列车。大家都急着赶回家过年，车上特别拥挤。列车开动没多久，一个熟悉的身影闯入了张超的视线，在拥挤的过道里，闫黎凯正拖着行李四处张望。闫黎凯平时给他保障飞机，彼此之间很熟悉。张超连忙站起身跟他打招呼：“小闫，小闫！”闫黎凯见是张超叫他，怔住了，想不到在火车上遇上他。张超笑眯眯地说：“你是不是回河南过年？在哪节车厢？哪个座？”闫黎凯告诉张超，他是这个车厢，站票。张超说：“春节的车票不好买，只能将就点，你来我这里挤着坐吧。”张超边说边帮他拎起一个包。

闫黎凯有点不好意思，站着没动。

“客气啥，挤一挤暖和。”张超一把将闫黎凯拉到自己身边。

火车呼啸着一路前行，张超像个邻家大哥跟闫黎凯聊天，聊到高兴处，张超笑声朗朗。这是闫黎凯跟张超第一次近距离亲密接触，他没想到，自己心中的天之骄子，竟然这么没架子。

闫黎凯心里不解，张超是飞行员，收入高，为什么不坐飞机回去，非要挤火车坐硬座。

张超笑着说：“坐飞机还得先去沈阳，挺麻烦的，坐火车可直接到家。再说，火车票比飞机票便宜不少，说实话，我在攒钱，准备给爹妈在市里买套房子。”

原来是这样啊，大孝子哩！闫黎凯心里立刻无限敬佩。

火车到了站点，闫黎凯准备下车。张超热情地帮他拎包送到车门口，并约定第二年春节一块儿买票，一起坐火车回家。

往事历历在目，出殡时，他扶着张超的灵柩，仿佛是扶着他温暖宽厚的肩膀。他禁不住热泪盈眶，在心里默默地说：“超哥，咱俩不是约好下次回家还一块儿坐车吗，你怎么提前走了啊？”

参加完追悼会的当晚，教导员王亮做了一个奇怪的梦。梦中，张超笑嘻嘻地对他说：“教导员，我的电话卡没钱了，你帮我充值。”王亮一下子惊醒，再也无法入睡。

张超虽然走了，但他仍然活在战友们的心中！

开完追悼会后，部队首长问张胜华有什么要求，只要提出来，想尽一切办法解决。张胜华说：“其他要求没有，只有一个要求，让儿子跟我回家。”部队首长报上级批准后答应了他的请求。

张胜华和老伴要启程回家了，部队首长和张超生前的战友都来送别。

张超的牺牲，对张胜华老两口来说，是致命打击。张超到天上跟他的三个哥哥团聚去了，留下他的父母情何以堪。

老年丧子，万箭穿心。几天之内，张胜华苍老了许多，脸上的沟壑更深了，身板更加瘦弱。他双手捧着儿子的骨灰盒走了几步，火车的一声嘶鸣，让他打了个寒战。

张胜华突然意识到，儿子再也回不去部队了，儿子再也驾驶不了战机保卫祖国了，儿子上航母的愿望永远不能实现了，他悲从中来。他将儿子的骨灰盒紧紧抱在怀里，儿子壮志未酬，他要好好安慰他，给他温暖，给他力量。

张胜华性格内敛，在自己的印象中，还没同儿子拥抱过呢，哪知，这次一抱就是一生！

张胜华弓着背，脚步踉跄，老泪纵横：“超崽，你尽力了，跟爸爸回家！”

青山垂首迎英灵

>>>

ZHUMENG HAI-TIAN
JI "RENMIN YINGXIONG"
ZHANG CHAO

“因为你，

我见到了活在我们概念中的英雄。”

岳阳城南7公里，有一个叫拳形山的地方，这里群山环抱，草木葱郁，岳阳市烈士陵园就坐落在这里。

2016年5月5日，岳阳人民在这里为张超烈士举行隆重的骨灰安葬仪式。

张超的同学早早地来了！

清晨，他们聚集在岳阳市烈士陵园门口，个个神情肃穆。

王虎得知张超回故乡安葬的前一天，第一时间在同学QQ群里发布了消息。一石激起千层浪，同学们早就从电视、报纸上得知了张超的英雄事迹，个个心潮难平，有的同学连夜驱车从长沙、韶关等地赶回岳阳。岳阳本地的同学相互通知，大家一大早赶往烈士陵园。王虎说：“这一次，我们同学能来的全都来了，而且全都提前来了，比以往任何一次聚会人都多，大家都早早地聚集在一起，来送同窗好友张超烈士最后一程。”

王虎这么热心组织这次活动，很重要的一点是缘于内心对张超的愧疚。当年清明节，张超休假回来探亲，他还在火车上就给王虎打电话，说他已经到武汉了。王虎是张超最要好的同学朋友，上学时俩人一起打球一起回家，亲密无间，王虎答应开车到车站去接他。后来因为临时接到电话回单位开会，他没能去接张超，就这样错过了见张超最后一面的机会。

同学刘娅说：“张超非常守时，从前聚会他‘米秒不差’，我们拖拖拉拉，这次‘聚会’我们提前等他，他永远是我们学习的榜样！”

张超牺牲的消息传开后，同学们都陷入巨大的悲痛之中，他们深情回忆情同手足的同窗情谊，纷纷拿起手中的笔，写下对他的思念。

江梗是张超读初中时的班长，现在在上海工作。她得知张超牺牲的消息后，悲伤不已，饱含深情提笔写下了一首诗。

张超在

初中同学　江梗

含着泪水，捂着胸口
昔日的同窗好友
如今你在哪里

来到洞庭湖畔
汪汪洞庭在替我回答

张超在
九八年，欢送抗洪抢险的解放军时
张超就在
他那时心中就有了报效祖国的目标和榜样

来到七中母校
茵茵校园在替我回答
张超在
六年学习生涯中
体育运动场上、同学生病之时……
只要有需要
张超就在
他那时心中就有他人、有激情、有抱负

来到张超家中
平平家庭却替我回答
只有简陋居室、沧桑父母、伤心妻儿
张超已不在

高山默哀
大海皆泪
在祖国需要之时

张超在

如今，你虽不在
但初 54 班人人以你为榜样
如今，你虽不在
但中华儿女都以你为楷模
有 13 亿个张超都会在祖国需要之时挺身而出
无须再寻找
你已在我心中永存
无须再寻找
你已被历史铭记

陈姣跟张超是初中、高中 6 年的同班同学。高中 3 年，陈姣当班长，张超当纪律委员，他们是一个“班子”里的人，同学情谊特别深。张超牺牲后，她被特邀去部队参加了张超的追悼会。陈姣介绍，张超是一个很讲感情的人，高中毕业后大家虽然见面很少，但每次他从部队回来，都会告诉同学们，约大家出来聚会，他非常重视同学间的感情和友谊。

2015 年 10 月 4 日，张超回来了。陈姣非常高兴，组织初中同学聚会，时间定在下午 5 点。让人没有想到的是，其他所有人都迟到了，只有张超是 5 点准时到的，作为组织活动的“老班长”，陈姣五点半才到。陈姣问张超：“你为什么那么准时？”张超说：“在部队时间观念最重要，我们飞行员最大的特点就是必须做到‘米秒不差’。”

往事历历在目，陈姣眼含泪水，写下了滚烫的文字。

你怎舍得离开

初中、高中同学 陈姣

你永远离开了我们，你的笑容历历在目，仿如昨日般。

理想未完成，你怎舍得如此离开？

抱着你的女儿，我们一起抚摸着你开过的舰载机，我告诉她：“含含，这是爸爸开的飞机，爸爸是英雄。”她似懂非懂地点着头说：“嗯，爸爸呢？爸爸怎么没来？”接着用肯定的眼神望着我说：“哦，我知道了，爸爸累了，回去休息了。”我含着泪告诉她：“是的，爸爸休息去了。含含长大后要像爸爸一样开飞机，保卫我们的祖国。”含含又点点头，继续摸着飞机。看着你这么懂事的女儿，你怎舍得离开？

扶着你的母亲来到你坠落的地方，你母亲哭得撕心裂肺，你可听到她心碎的声音，边哭边念叨着：“超，你跟妈妈回家吧，我来了。超，你为了家里省吃俭用，自己舍不得花一分钱，好不容易家里好点了，你却离开了，你怎么舍得？清明节给你带回部队的辣萝卜、腊鱼你都还没吃完呢。你是我唯一的希望，你就这么走了……”你的父亲没有任何言语，他只能默默地流着泪。看着满脸沧桑的父母,你怎舍得离开?

你的战友们排着整齐的队伍，迎接着你的父母，个个都是满脸的悲伤。他们扶着你的父母，看了你的宿舍，站在你母亲面前说：“阿姨，只要你不嫌弃，我们都是你的孩子。”你还没有和你的战友一起上舰，完成你们的梦想，你怎舍得离开?

你的妻子强忍着悲伤，她只能晚上偷偷看着你的照片，思念着你，偷偷地流着泪，不敢让你的父母看见，不敢让你的孩子看见，怕他们会更加悲伤。她很坚强，很优秀。你们还没白头，你怎舍得离开?

同学们都在默哀，都在后悔着为什么上次聚会没有聚齐，现在成了永远都聚不齐的聚会了，没想到上次聚会竟然是我们的最后一次相聚。老师的手册上都记录着我们的点点滴滴，看着这些老师们的眼睛都湿润了。毕业后，你心心念念着老师，会去给他们拜年，会发祝福的短信。你会穿着整齐的军装告诉老师们，你没有让他们失望。

记得你每次回来都会亲切地叫着：“姣姐，我回来了，我们一起出来聚聚吧！”六年同窗，你给我留下的都是笑容，表扬你的时候你很开心地笑着，批评你时，你尴尬地笑着，虚心地接受着。你喜欢讲一些冷笑话，然后自己呵呵笑着，我会毫不留情面地告诉你：“你好冷。”你还是笑着！

因为你，我见到了活在我们概念中的英雄；因为你，我知道了你们的使命；因为你，我知道了生命的价值。

南沅村的父老乡亲也来了！

清晨，南沅村的群众自发地组织起来，扶老携幼赶了八十多里路，来到烈士陵园送张超最后一程。前些年，村里还没有修水泥路。张超有次回家探亲，得知乡亲们筹资准备修路，非常兴奋，交给父亲3500元钱，委托父亲捐给村里。父亲过惯了苦日子，看见儿子一下子捐给村里这么多钱，有些舍不得。张超劝父亲："我们家里虽然不富裕，但比村里大多数人的日子要好过些。众人拾柴火焰高，能帮一点是一点。"

公路竣工后，为了表彰捐款人的功德，村里在公路边立了一块石碑，上面清晰地刻着：张胜华捐款3500元。父亲为儿子着想，尽量让他低调些，于是以自己的名义捐了钱。后来，村里人还是知道了事情的真相，纷纷夸奖张超做得好。

张超的父亲张胜华见了左邻右舍十分激动，哽咽着说："超崽，村里的叔叔伯伯今天都来送你了，大家都记着你的好。"

岳阳社会各界的代表也来了！

上千名各界代表从四面八方赶来，参加张超烈士骨灰安葬仪式。青山垂首，洞庭悲鸣。人们庄严伫立，深切缅怀这位献身航母、魂归海天的飞行英雄。

凑巧的是，安葬仪式刚刚结束，原本艳阳高照的天空突然大雨滂沱。参加仪式的当地党政军领导同志，张超的父老乡亲、亲朋好友都十分惊奇，驻足雨中迟迟不愿离去，泪水和着雨水在一张张脸上肆意横流。张超的高中班主任老师张随生泪流满面地说：“张超这孩子东奔西走，很不容易，老天有眼，下这么大的雨，是给张超洗尘了！”

当天晚上，张超的母亲李四荣请求烈士陵园工作人员为儿子亮起夜灯。老母亲说：“超崽从小胆子小，怕黑，开着灯他才不会害怕，我要陪他度过这里的第一夜。”

张超是四兄弟中留下的独苗，父母视若掌上明珠。张超从小怕黑，要开灯睡觉，家里再穷也从来没有减削过电费。张超有一个习惯，每晚要妈妈陪着睡，并且必须抓着妈妈的手才能睡着。这种习惯直到他上初中了才改变，但晚上亮灯睡觉的习惯一直没改。

幕色四合，烈士陵园亮起了灯。乌云在天空深处潜伏，冷风包裹着暗淡的路灯，萧瑟成了烈士陵园夜晚的底色。张胜华和老伴李四荣站在儿子的墓前，痴痴地看着儿子的墓碑默默无语，远远望去，像两个剪影。一名工作人员临时找来两支蜡烛在张超墓前点上，张胜华向他道了声谢，再也没有出声。烛光映照出两张苍老的脸，都写满了悲伤。

这名工作人员参加了白天的安葬仪式，深为张超的英雄事迹感动，他想安慰英雄的父母几句，却不知该从何说起。他陪了一会儿，觉得多余，便说如果有什么要求尽管说，然后转身走了。

火苗跳跃了几下，李四荣忽然感觉浑身发冷，她喃喃地说：“超崽回来了，超崽回来了！”

张胜华下意识地四处张望，周围昏暗一片，根本不见儿子的踪影。

火苗又剧烈地跳动起来，李四荣赶紧上前一手捧一根蜡烛，仿佛搂着儿子。

“超崽，是你回来了吗？你告诉妈妈啊！”

“超崽，你不要怕，点了灯！”

“超崽，你冷吗？你饿吗？”

“超崽，你说话啊，妈妈想你！妈妈想你！”

风大了，头顶上飘起了雨丝。

李四荣在斜风细雨中深情呼唤，声音穿过夜的帷幕，成为一曲母亲思念儿子长歌当哭的绝唱。张胜华默默吸着烟，暗红的亮光，照出的是挂在一张沟壑纵横的脸上的两串晶莹泪珠。

不远处，那名工作人员默默地注视着，脸上淌着两行热泪。

暖男的底色

>>>

ZHUMENG HAI-TIAN
JI "RENMIN YINGXIONG"
ZHANG CHAO

他的笑脸，像初春的阳光，

温暖大家的心田。

英雄不应该站在云端和神坛，英雄也是有血有肉有情的普通人。不管是亲友、老师、同学还是战友，只要提起张超，都说他有一张标志性的笑脸。舰载航空兵部队的战友对他的标准笑脸进行了具体而生动的描述：张超的微笑，是那种标准的嘴角上扬15°，航母辽宁舰的飞行甲板仰角是14°，多出来的1°，就是张超对航母事业的无限热爱。他的笑脸，像初春的阳光，温暖大家的心田，他是大家公认的“暖男”。张超虽然牺牲了，但他生活中的点点滴滴仍然像晶莹的浪花，盛开在海天间。

作为一个“80后”，张超的节俭超出了人们的想象。每天用的剃须刀是老式的，衣柜里只有几件军装和运动衣，鞋架上摆着几双旧鞋。床下有两个小箱子，箱子里装着几十本书。

同住一室的战友艾群说，张超的节俭似乎到了“抠门”的地步。他亲眼看见张超的一瓶洗发水快用完的时候，竟又兑水再将就用了几次。张超每次回老家探亲，从没有坐过飞机，而是宁愿坐20多个小时的火车，把自己折腾得疲惫不堪。

战友徐爱平同张超走得比较近，俩人无话不说。有次见张超打电话，手机外壳都变了样，便说："你真是老土，手机这样了也不换一个。"原来，张超的手机用了 3 年多，磨损得厉害，边框都露出了底色。徐爱平开他的玩笑，张超仍一脸笑容："用着挺好，还能将就。"

张超喜欢打篮球，经常穿的一件 T 恤，还是十年前上航校时买的。与张超同在一个飞行班的战友杨勇说："凭现在的经济条件，张超完全可以买更好的衣服。我们有时候劝他，他总是说还可以将就，这样节俭的人在'80 后'中真是少见啊！"

然而，张超的"抠门"和"节俭"，只是他对自己日常生活的要求，对战友，他却非常大方。战友们都说，张超是个有情有义的大好人。

一位战友的母亲重病做手术急需用钱，张超得知后二话没说，从工资卡里取出 4 万元送到了战友手中，这位战友感动得不知说什么才好。

修理厂一名叫石宇阳的战士，出身农村，家里经济条件不好。为了增加经济收入，改善生活条件，家人准备做点小生意，但没有本钱，一连几天，石宇阳愁眉不展。那天，他同张超偶然相遇，向张超吐露了内心的苦水。没想到十几分钟后，张超竟拿着自己的工资卡交给了他，让他取钱打给家里。张超临走时安慰他莫急，如果钱不够，他另想办法去筹。石宇阳说："你们想想看，一个敢于把工资卡交给朋友的人，对人是多么信任啊！”

自己节俭却大方助人，像这样的事例还有很多。为战友、为同学排忧解难是张超的一贯做法，并不是心血来潮时的偶尔为之。

2008 年汶川大地震，正在飞行学院训练的张超，得知一位家住四川内江的同学因地震家里房子倒塌了，他一次性捐了好几个月的津贴。

在空军航空大学读书时，一次学校组织拉练，学员们住在老乡家里。张超天没亮就起来给老乡挑水、打扫院子，临走的时候，还给老乡放下 80 块钱。

2015 年冬季的一天，教导员王亮患了重感冒，每天打着点滴。由于训练时间紧，张超只是匆匆看望过一次。这天中午，王亮正在休息，忽听见有人轻声敲门。王亮打开门一看，张超手上端着一个碗，笑嘻嘻地站在门前。

“教导员，今天运气真好，我喝到胡辣汤了。”

王亮知道，飞行员餐厅跟他吃饭的餐厅不同，一定是飞行员餐厅特殊安排了。

“教导员，你生病了，你尝尝家乡的味道！”

王亮双手捧着这碗热气腾腾的胡辣汤，望着一脸阳光的张超，眼眶也湿润了。

“教导员，赶紧趁热吃吧，别凉了。”

“张超，你真有心，太感谢你了！”

2016 年 3 月底，张超回老家探亲。一次，在和老同学聚会时，他喝到了新上市的君山银针茶，茶叶色泽青翠碧绿，汤色明亮，清香扑鼻。张超忙找同学打听，同学告诉他，今年雨水适中，君山银针茶获得丰收。

说者无意听者有心。张超想，战友们来自祖国四面八方，能喝到君山银针茶的人应该不多，何不带点家乡的特产给战友们尝尝。他马上掏钱买了一箱君山银针，带回部队，给每个战友都送了一盒。

在飞行员公寓，战友王勇捧着热气腾腾的茶杯说："喝起这茶，就想起了我们的超。"一转眼，这盒茶叶只剩下了一小半。王勇舍不得喝，他说："张超送的茶叶喝完了就感觉离他远了。"他同战友们商量，等成功上舰的那一天，就泡这茶来庆祝。

艾群跟张超同住一个宿舍，经常享用张超从家乡带来的土特产。他说："张超是个非常有情义的人，有啥好东西总是惦记着我们每一个人。"有一件事让他念念不忘。有年春节，张超探亲回部队，带了一个很大的纸箱。艾群很好奇，张超打开了纸箱，里面全是酱板鸭。艾群开玩笑说："兄弟，你准备开店啊？"张超笑着说："我回家吃了，味道真不错，带点给兄弟们尝尝。"他楼上楼下跑，每个战友都收到了一袋酱板鸭。

湖南人爱吃槟榔是出了名的，张超在湖南岳阳生活期间，也喜欢上了嚼槟榔。有一天，战友刘向见张超嘴里嚼着什么东西半天既不吞下去，也不吐出来，非常好奇。张超解释道：你知道《采槟榔》的歌吗？刘向说知道。张超便轻声哼起来：“高高的树上结槟榔，谁先爬上谁先尝，谁先爬上我替谁先装。少年郎，采槟榔……”

刘向一下子来了兴趣，也要了一颗槟榔尝了一下。从此，刘向也喜欢上了嚼槟榔。

张超是湖南人，吃饭口味比较重，他妈妈心疼他，经常做好腊鱼、辣萝卜干寄给他。每回收到来自家乡的美味，去食堂吃饭时，张超总是带上满满的两大饭缸，同战友们分享。同桌吃饭的团参谋长徐英说：“那腊鱼真好吃，有妈妈的味道。”

张超一岁时，随父亲在岳阳橡胶厂生活。街坊邻居都是看着张超长大的，他们对张超的评价几乎是异口同声：“这伢子很善良，很懂礼貌，很懂得感恩。”

张超父亲的同事，老厂长陈继岳深情地回忆了一件事：“那是2009年春节，张超回家探亲，一身戎装，威风凛凛，成了我们厂里的一道风景。他爸找我商量，说张超想请左右邻居吃餐饭，表示一下谢意，感谢厂里这么多年来对他们一家的帮助和照顾。我开始婉言谢绝，说张超才去部队，经济条件也不是特别好，领了他的心意就够了。后来，张超亲自来请我，我没有办法拒绝，在厂区对面的一家餐馆，张超请大家吃饭。吃饭前，他郑重其事地向大家敬了一个标准的军礼，然后，他笑呵呵地说：‘谢谢大家这些年来对我家的照顾，以后我不在家，还请大家多多帮帮我爸妈。’再后来，张超每次回家探亲，都会主动邀请街坊邻居一起坐坐，拉一拉家常，非常亲热。”

张超敬老爱亲，孝心可鉴。2004 年 10 月，他在空军航空大学领到了 110 元津贴。这是他人生的第一笔收入，他头脑里闪现的第一个念头就是报答父母。他只留了 10 元钱买日常用品，将 100 元钱夹在信里寄给了父母。这张币号为 GU73100609 的百元钞票，张胜华一直没舍得花，至今还夹在一本相册里。

张超每次探亲回家，都要来乡下看望爷爷，陪爷爷住几天。他看望爷爷从不空手进门，总是买很多水果，同爷爷告别时，又总是塞给爷爷几百元钱。

父母租住在岳阳城里，生活非常不便。张超一直有个愿望，就是攒钱买房，让父母早日住上属于自己的新房。他将自己多年积攒的 20 万元一次性交给父亲，终于圆了购房梦。

岳阳的冬天特别冷，张超始终牵挂着家里的几位老人，专门托战友买了羊毛背心，给每一位老人寄了一件。

年关将近，母亲的呼唤急了，游子的心迫切了。父母得知他有假回家过年，格外高兴。母亲知道他喜欢吃腊鱼，早买了几十斤熏制好。张超也早早地做好了回老家过年的准备。

张超是个细心人，方方面面的事都考虑得很周到。2016

年休假回来过年，他为亲人们准备了一份礼物清单。写在一张小纸片上，上面字体刚劲有力，非常清晰：爸妈，5000元，两瓶酒；爷爷，500元；岳父……

一个有社会责任感的人，大致应该具备三个方面的品质：坚持道德上正确的主张；坚持实践正义原则；愿为他人作出奉献和牺牲。张超是个很有社会责任感的人，追踪他的成长足迹，观照他的行动，他在心里和感情上，对世界充满了正义和爱。

高三上学期，全国的新闻媒体几乎都报道了一件事：2003年10月下旬的一天，国务院总理温家宝来到位于三峡库区腹地的云阳县人和镇龙泉村10组看望乡亲。一位村妇向温总理反映，她爱人有2000多元的工钱已拖欠了一年，影响孩子交学费。温总理听后心里不是滋味，在他的关心下，村妇一家当晚就拿到了工钱，拖欠民工工钱的问题也由此引起了社会前所未有的关注。政治老师以此事件为背景布置了一道作业题，要同学们以农业、农村、农民“三农”问题为内容，写一篇调查报告。

班上成立了课题小组，组长是李美君，成员有陈岳荣、张超等人。李美君主持讨论会，大家畅所欲言。张超说，他家是从农村搬到城里的，对“三农”问题最有发言权。农村环境不好，出门就是垃圾堆，一到夏天，蚊子成群，一咬一个红坨，痒死人。没有规划，四处都有水塘，他的两个哥哥就是在门前的水塘淹死的。农村收入少，种的水稻和棉花卖不起价，一年一个价格，有的人干脆将农田抛荒出去打工。农民负担重，他爷爷和叔叔种了几亩田，每亩要上缴 300 元以上。种田成本高，种子、农药、化肥价格都高，还有人力成本不算，每亩田纯收入才一两百元。农民栽秧割谷好辛苦，没有什么收入，看了心里疼。农村医疗水平低，听父母说，他的大哥 8 个月大时患了麻疹，大队赤脚医生看的病，大哥高烧不退，后来夭折了，十分痛惜！

张超的发言让大家震撼，李美君眼睛都红了。

张超接着说，农民工进城打工，一些老板还恶意拖欠少得可怜的工资，真是让人气愤！

李美君说，拖欠农民工工资问题是一个导火线，引出了社会上对“三农”问题的广泛关注。她问张超解决“三农”问题有什么好建议。

张超说，他爸爸进城才十多年，以前一直在农村，加上很多亲戚都生活在农村，他爸爸非常熟悉农村情况。他向爸爸讨教过，爸爸说主要是解决农民增收和农业发展的问题。农民有了比较高的收入，读书、医疗就会有保障。农民手里有了钱，就会修新房子，改善居住条件。要保障农民增收，农业发展是前提，比如说修建水利设施、修好乡村公路、改造基本农田等。

其他同学来自城里，不熟悉农村，对“三农”问题更是没有思考，也说不出什么好建议。大家都一致赞同张超的发言，认为既有观点又有事实。

陈阳和张超是高中同学，又同住白杨坡巷，两人每天上学都相约骑单车同行，日子长了，成了关系很铁的“单车兄弟”。

2001 年 12 月的一个早晨，寒风凛冽，吹在脸上如刀剐一般生疼，陈阳和张超结伴骑车上学。陈阳在前面，张超紧紧跟随。经过原凤凰楼陶瓷市场时，张超发现门口有一个扎着羊角辫的小姑娘在用手背抹眼泪，可怜兮兮的样子。张超心里酸酸的，马上下车问小姑娘。小姑娘告诉他，不小心弄丢了买早餐的钱。

陈阳骑着单车埋头往前冲，他边踩单车边跟张超说话。骑了一段，他发现张超没有答话，扭头看了一下，没有看见张超，心里突然慌乱起来。他赶紧一个急刹，单车“吱”地叫了一声，惯性让他身子往前一冲，差点摔倒。他跳下单车，回头看见张超弯腰正同一个小姑娘说话。陈阳心里打鼓似的咚咚直跳，他的第一反应是张超不小心骑车撞了小姑娘。他推了单车打转，看见张超轻轻摸了摸小姑娘的头，又将她脸上的泪痕和清鼻涕擦拭干净。

“张超，怎么回事？”陈阳问。

“小姑娘买早餐的钱掉了，急得哭了。”张超说。

张超从口袋里翻出自己的早餐钱给小姑娘，小姑娘摇头拒绝。张超看见不远处有个早餐店，小跑着买来一份热气腾腾的早餐。小姑娘还是不肯接受，张超再三表示自己已经吃过早餐后，小姑娘才破涕为笑，双手接过了早餐。

小姑娘刚走出几步，张超看见她瘦小的背影，很不放心，上前叫住小姑娘，问清了她的学校后，两人又一同将小姑娘送到校门口才放心离开。

陈阳正准备抬腿上单车，张超大叫一声：“慢！”

陈阳疑惑不解：“慢什么慢，再慢点要迟到了。”

张超笑嘻嘻地说：“你吃早餐没有？”

陈阳说：“没有，我带了煎饼去学校吃。”

张超说：“什么煎饼，我看看。”

陈阳从书包里掏出煎饼，张超一把夺过去，撕下一半，张口咬下一大块：“嗯，真香，真好吃。”

“你怎么这样？”

“我的早餐钱给小姑娘花了，好兄弟有好东西要分享。”

张超穿的是一件很旧的红色棉袄，有的地方变成了黑色，袖口也磨得发白，但在这个寒冷的早晨，在陈阳眼里，他仍然像一团熊熊燃烧的火！

那是6月的一个中午，张超骑着单车去陈阳家等他一起上学。张超发现陈阳家楼下停放的单车摩托，像多米诺骨牌一样，一辆压着一辆，全都倒在地上。这时，烈日当空，没有一丝丝风，火辣辣的阳光仿佛是火苗，将空气加热到冒烟。稍微活动一下，就会汗流浃背。张超浑身湿透了，穿的一件白色短袖T恤贴着前胸和后背。他见陈阳没有下楼，便支好单车，上前弯腰扶车。他的手刚伸出去，却像触电一样，马上又缩回来。在太阳的暴晒下，单车浑身发烫。他仰头看了看天空，太阳仍像火盆一样悬在头顶。不行，车子不扶起来，等会儿别人来取车时根本取不出来。他强忍着灼痛，开始一辆一辆地扶，脸上的汗水滴到白晃晃的车管上，似乎在“嗞”地冒烟。

陈阳出来了，看见张超在太阳底下扶车，十分感动：“张超，这么辣的太阳，你这是？”张超笑眯眯地说：“我反正没事，举手之劳，给人方便就好。”陈阳的单车也被压在里面，他立即上前帮忙。

张超的爱心和善良，有口皆碑。高三时，班上从外地转来一个女同学。陈岳荣说，他印象非常深刻。女同学个子不高，短头发，圆圆的脸，皮肤有点黑。她家住洛王，每天上学都要经过琵琶王立交桥。琵琶王立交桥下岔路多，经常有流浪汉住在下面，还有一些不三不四的人出没，很不安全。张超得知情况后，每到下晚自习，便邀请他和同学王亮，三人骑着单车护送这名女同学。天气好，就送过琵琶王立交桥，天气不好，就护送她回家。

2004年春天，也就是高三下学期。

那天张超搞完体能训练已是傍晚6点多了，他背了书包刚走出校门，就听见有人喊：“抓住他！抓住他！别让他跑了。”他忙跑上前问是怎么回事。旁人告诉他，有几个小混混在米粉店吃了米粉不给钱就跑了。

张超每天上学都要经过学校门口的这家米粉店，老板娘姓薛，一个很和善的中年女人。

张超平常喜欢打篮球，近段时间刚好又在进行跑步训练，体能增强了很多。他像离弦之箭朝前飞射，眨眼工夫就赶上了正在追小混混的老板娘。

“那几个人在哪里？”张超问。

“就在前面，那几个跑的就是。”老板娘指着前方气喘吁吁地说。

张超拔腿就追，三个混混见后面来了追兵，作鸟兽散。张超瞄准一个目标，追了两里多路，在加油站抓住了他。

张超个子比较高，被捉住的小混混瘦小得像只麻雀，张超紧紧拎了他的衣领往回走。

刚走几步，猛然抬头发现王亮老师正朝他这边奔跑过来。

“张超，你怎么回事？”

“我抓住了一个小混混，吃米粉不给钱。”张超说。

“你们没有打架吧？”王老师的眼光像探照灯，将张超从头照到脚。

“没有。”张超回答。

王老师身体结实，从张超手里抓过小混混，同张超一起往回走。

“可惜我只抓住了一个，还有两个让他们跑了。”张超告诉王老师。

回到米粉店，张超坚持让小混混向老板娘赔礼道歉，并付了米粉钱。

老板娘对他连声道谢。

张超准备回家，王老师叫住了他，将他拉到一边，开始训他：“张超你知不知道，你刚才的举动十分危险，吓得我冷汗直冒。”

张超不明就里，望着王老师。

王老师说：“你已经通过长沙招飞中心的省检复查了，我不能让你身体有任何闪失，不能受一点点伤害。如果这几个小混混手上有刀，刺伤了你怎么办？如果这几个小混混群殴你，用砖头或者其他东西砸伤了你怎么办？我怎么向你父母交代？怎么向学校交代？怎么向招飞部队交代？”

王老师一连串的责问，让张超手足无措：“王老师，我真没想那么多，我听说他们吃霸王餐，非常气愤，不能让他们走。”

王老师说：“你见义勇为是对的，但要注意方法，要见义巧为，见义智为。你现在是学校、老师重点保护的对象，你知不知道？”

张超低着头，一副认错的样子：“知道了，王老师，谢谢您的关心与提醒！”

永远的灌篮兄弟

\>>>

ZHUMENG HAI-TIAN
JI "RENMIN YINGXIONG"
ZHANG CHAO

只要是体育课或者是放学后，

张超总是在篮球场上龙腾虎跃。

提起张超，让大家印象深刻的有两点：一是有一张灿烂的笑脸，二是他是个超级篮球迷。

“张超的篮球学得早，打得好，这是同学们公认的。”方涌刚坐下，有点迫不及待地向我介绍。

“为什么说张超的篮球学得早呢？我只晓得刚进初一，张超就技术非常娴熟地活跃在篮球场上，这说明张超在读小学时就会打篮球了。我是读初中时才学会打篮球的，我的师父就是张超。”

1998 年 9 月，方涌从五里小学毕业，张超从土桥小学毕业，两人一同到岳阳市第七中学读初中。巧的是两人分在同一个班，年龄上张超大方涌一岁。

方涌说，他印象特别深刻的是，只要是体育课或者是放学后，张超总是在篮球场上龙腾虎跃，那精湛的运球技巧和潇洒的投篮动作让他羡慕不已。

那时，方涌才 11 岁，又黑又瘦，像根竹竿。张超虽说只有 12 岁，却白白净净，个子差不多 1 米 7，整天笑嘻嘻的，给人春天阳光般的温暖。

暑假期间，方涌有一天去新华书店闲逛，偶然看到了《灌篮高手》的漫画。他随手翻了一下，就被里面的故事吸引住了，从此，他对篮球就产生了兴趣。只要张超打球，方涌就一定在旁边观看。终于有一天，张超投篮后走到方涌面前，笑眯眯地说："方涌，你想打篮球吗？"

方涌有些受宠若惊："想啊，我就是个子太矮了，打不了。"

张超说："打篮球跟个子高矮关系不大，主要是锻炼身体。如果你愿意学，我就教你。"

方涌使劲点了点头。

张超抓起方涌的手快步走进了球场，方涌仿佛走到了万众瞩目的舞台中央，激动得发抖。

张超给他讲解打球要领，主要有交叉步、运球和投篮。尤其是运球，张超教给了他多种方法：一只手运球，两只手运球，站着运球，坐着运球……方涌进入了痴迷状态，有时上课，他都忍不住偷偷在课桌下运球。球不能落地，如果落地弄出了响声，老师就会发现，就会挨批评。

方涌成了张超的小跟班，平常练习时，方涌跟张超一起上场打球。但正式比赛时，方涌不能上场，只能老老实实站在场边当观众。如果张超在场下观战，他就给方涌做现场解说，要注意什么，要防范什么，方涌如饥似渴地学习，进步很大。

有一天，他们俩打完球回家，方涌好奇地问张超打篮球的师父是谁。

张超说，篮球入门的知识是读小学时体育老师教的，掌握的特技是从电视里学的。

方涌越发好奇，电视里也能学打篮球？

张超笑了笑说，电视里有解说啊，什么事情用心就会有收获。

张超喜欢看体育频道，只要有篮球赛，他就目不转睛。他尤其喜欢看 NBA（美国职业篮球联赛）。后来，NBA 达拉斯小牛队（今改名为达拉斯独行侠队）新进了一个球员叫诺维茨基，他担任的位置是前锋。球场上，他像一辆无所畏惧的战车，潇洒驰骋，如入无人之境，投篮命中率极高。张超一下子就喜欢上了他，并把他当成自己的偶像。

方涌说，张超超级喜欢打篮球，那种痴迷一般人无法理解。因为受到张超的影响，他也迷恋上了打篮球。

当时学校只有两个篮球场，每个篮球场只有一对篮球架、两个篮球筐。喜欢打篮球的学生特别多，篮球筐又少，所以，想打篮球只能靠“抢”。

张超跟同班同学王亮、陈岳荣、方涌约定，每天早晨 6 点开始打篮球。可是，4 个人中，真正做到每天 6 点到达学校的只有张超一个人。从 6 点开始打篮球，打到 7 点 10 分上早自习。张超从来没有提前进教室上过早自习，总是听到早自习的铃声响了，才以百米冲刺的速度跑向教室，坐到教室里好几分钟才能平静下来。7点50分下早自习，8点钟正式上课。张超同几个打篮球的同学利用这10分钟从四楼的教室跑到对面楼下负一楼学校食堂吃早餐。说是吃早餐，其实就是吃一碗粉条，一块钱一碗。

由于起得早，运动量又大，正是长个子的时候，一碗粉条根本填不饱肚子。几个男孩子呼哧呼哧将粉条和汤水吃得干干净净后，又向打粉条的阿姨讨要一点。开始，打粉条的阿姨不乐意，说加粉条要另收钱。后来，他们学乖了，吃粉条时，只吃粉条，留下半碗汤，然后再找打粉条的阿姨要求加点。阿姨见碗里还有半碗汤，就顺手加了些粉条。

方涌说："我至今不明白，为什么我们吃得干干净净去加粉条要另外收钱，留半碗汤去加粉条却不收钱。现在想起来应该是打粉条的阿姨可怜我们，故意这么做的，想起这件事还觉得好笑。"

"中午12点下课，下课后飞奔回家，吃了中饭马上往学校赶，到达学校的时间一般是下午1点左右，那时我们都骑了单车，把单车往球场边上一放，马上抱着球上场。"方涌笑着说，"我为了打篮球被偷了4辆单车，张超的单车从没被偷过，真是怪事。"

方涌介绍，下午2点30分上课，中午一般可以打一个半小时以上的篮球。放晚学的时间大概是下午 5 点 20 分，下课铃一响，他们像箭一样射向篮球场，一般打到天快黑了才恋恋不舍地回家。

这样的日子日复一日，年复一年。春夏秋冬，只有天气不好无法打篮球时，他们才会休息。

方涌同张超是初中 3 年、高中 3 年同学，一起打了五年半篮球。只有到高三下学期，张超体检合格，准备考飞行员，他才没有打篮球了。记得当时老师说，张超再不能参加剧烈运动了，身体不能受一点伤，要像国宝一样好好保护。

方涌说，真正让他体会到打篮球的成就感是在高一那年。初中阶段，他因个子原因，长期是板凳队员，到了高一，忽然间长高了10厘米，身体也壮实了很多。身体的变化也带来了学习生活的变化，他被班主任童香媛老师任命为劳动委员，张超担任纪律委员。张超见他身高超过了自己，非常高兴，只要有比赛，就让他上场。

当时由于篮球场少，正规比赛的机会并不多，张超就组织其他班里的同学打“三打三”制的比赛。

每个队三个人上场，先进 5 个球的队淘汰对方，那时，参加这样的比赛一般有 5~7 个队。

张超带领方涌、王亮上场。张超是灵魂人物，负责组织布阵、打后卫，方涌身体壮实负责打突破，王亮负责打外围负责投三分球。他们三个拧成一股绳，不认输，也不想输。

有一次他们连续淘汰了 6 个队，一直在场上拼杀到最后。

方涌说，有一件事让他终生难忘：“学校里喜欢打篮球的基本上都买了专门的篮球鞋，200 多元一双。这种鞋减震、护脚，穿了很舒服。而张超由于家里经济条件不好，穿的是一种很便宜的胶鞋，我记得是 16 块钱一双。”

高考结束后，张超考上了梦寐以求的空军航空大学，方涌考取了湖南农业大学。

方涌进校便当上了湖南农业大学学生会副主席、体育部部长。

他说，现在想起来，还真感谢张超教自己打篮球，身体练好了，球艺学精了，对自己的人生有了很大的帮助。

方涌大学毕业后又去当了兵，部队驻扎在大连，他被分配在某装甲团通信连。部队生活丰富多彩，尤其是文体活动多，方涌又逮到了大显身手的机会。他成了连里篮球队的主力，带领连篮球队与 8 支劲旅比赛，夺得了连队比赛九连冠。方涌会打篮球的特长得到了部队首长的赏识，不久就任命他为报务班班长。方涌直到 2018 年 8 月才转业回岳阳，在部队待了整整 10 年。

在部队期间，方涌跟张超经常电话联系。张超在海南，方涌在大连，真正的天南地北，见面的机会很少。2015 年 3 月，张超从海军航空兵某团选拔为舰载机飞行员来到了渤海湾，部队离大连很近。这时，方涌却已随部队换防到了黑龙江，恰好错过。

与以前相比，距离毕竟近了很多，但部队纪律严，不能随便请假。他们仍然找不到见面的机会，电话联系却是越来越频繁了。

2016 年 3 月的一天，张超又主动给方涌打电话。由于既是同学，又是老乡，张超还是方涌的“师父”，打电话很随意，说的是家乡话。

“涌伢哩，你么时候结婚啦，性急点哦。”

张超 4 年前结了婚，女儿已有两岁了。方涌还不见动静，他心里替他着急。

方涌说：“我是着急哦，快 30 岁哒，八字还冇一撇。”

张超说：“快点找个妹哩结婚，我好去喝喜酒。”

方涌说：“你放心，我会尽快的，找好了妹哩第一个告诉你。”

方涌热情邀请张超来他部队看看，叙叙友情。

张超爽快地答应了，说他快要上舰了，上舰后训练任务没有这么重了，时间应该充裕些，找个机会去看他。

方涌眼望窗外，对面高楼的玻璃窗，在艳阳的照射下闪烁成一片斑斓。半晌，方涌收回目光，长叹一声，眼里闪着泪花说：“张超答应来看我，我心里好高兴，我一直等张超来看我。哪知，4 月 27 号，张超就牺牲了。一个月前许下的诺言永远无法兑现了，这成了我心里永远的痛。”

在共和国的旗帜上

>>>

ZHUMENG HAI-TIAN

JI "RENMIN YINGXIONG"

ZHANG CHAO

张超是个平凡的人，他因为胸怀理想，矢志强军报国，义无反顾地投入一项伟大的事业中而变得伟大。

一个有希望的民族不能没有英雄，一个有前途的国家不能没有先锋。要实现两个一百年的目标，更需要用爱国情怀和英雄精神，汇聚起磅礴力量。新时代，新长征，英雄精神永远是我们前行的灯塔，爱国信仰永远是激励我们奋进的号角。

张超是为我国航母舰载机事业牺牲的第一位英烈，他用一腔热血生动展示了新一代革命军人有灵魂、有本事、有血性、有品德的时代风采和使命担当。张超是个平凡的人，他因为胸怀理想，矢志强军报国，义无反顾地投入一项伟大的事业中而变得伟大。作为共和国军人，祖国安危高于一切，只要祖国需要，就要敢于冲锋陷阵，敢于流血牺牲。强军路上，胜利需要用牺牲来书写。

张超牺牲了，共和国的旗帜上，有他血染的风采。他的英雄事迹经媒体报道后，在社会上产生了巨大的反响，党和人民授予了他许多崇高的荣誉。

请允许我按时间顺序进行一次梳理。

2016 年 6 月 29 日，中共中央总书记、国家主席、中央军委主席习近平对张超事迹作出重要批示，要求把张超烈士的先进事迹总结好、宣传好。习主席的重要批示，饱含着对一线官兵的深情关怀，浸透着对建设世界一流军队的殷切期望。这既是对张超的最高肯定和褒奖，也是对海军官兵乃至全军官兵的勉励和鞭策。

海军方面迅速贯彻落实习主席的重要批示精神，由政治工作部会同军委政治工作部有关部门，协调中宣部、共青团中央有关部门，对张超事迹进行了深入挖掘总结，组织中央和军队媒体及网络新媒体进行了多波次大规模突出宣传，在全社会产生强烈反响，旗帜鲜明地树立起了“四有”新一代革命军人崭新形象，有力传递了强国强军正能量。

2016 年 8 月 3 日，中共中央宣传部在中央电视台向全社会公开发布“时代楷模”张超和张楠的先进事迹。“时代楷模”发布以“我们的价值观、我们的中国梦”为主题，宣读了《中共中央宣传部关于“时代楷模”张超和张楠的表彰决定》，播放了反映他们先进事迹的短片。

表彰决定称：“张超生前是海军某舰载航空兵部队一级飞行员。入伍 12 年来，他始终怀揣‘强军梦’‘飞行梦’‘舰载梦’，精飞苦练不停歇，履职尽责不懈怠，超越自我不止步，多次参加重大演习演练和军事行动，磨砺成长为优秀的航母舰载战斗机飞行员。今年 4 月在执行任务中，他不幸以身殉职，年仅 29 岁，被批准为革命烈士。”

紧接着，海军党委也作出决定，在海军部队广泛开展向张超同志学习活动。8月9日，新华社向全社会发布了消息。

决定指出，张超同志是在党的创新理论哺育下茁壮成长的优秀飞行员，是强军兴军历史征程中涌现的先进典型，是积极投身建设强大人民海军伟大实践的杰出代表，是新一代革命军人的楷模。他用生命托举使命、献身事业、书写忠诚，堪称强军英雄、时代先锋。

决定强调，海军部队全体官兵要学习他爱党报国、矢志强军的坚定信念，胸怀远大理想，树立崇高人生追求，自觉献身党的海军事业；要学习他精武建功、献身使命的责任担当，牢记神圣使命，想打赢、练打赢、谋打赢，不断增强能打仗打胜仗的素质本领；要学习他英勇无畏、不怕牺牲的战斗作风，始终保持箭在弦上、引而待发的高度戒备，时刻准备为祖国和人民去战斗；要学习他崇德向善、重情厚义的优秀品质，牢记我军全心全意为人民服务的根本宗旨，忠实践行当代革命军人核心价值观，始终保持革命军人的高尚品格和良好形象。

决定要求海军各级党委、政治机关要把开展向张超同志学习活动摆上重要位置，加强组织领导，采取多种有效形式，迅速掀起宣传声势和学习热潮。广大官兵要踊跃学习典型、争当先进，在建设强大人民海军的生动实践中奋发进取、建功立业。

2016 年 8 月 24 日上午 10 时，张超同志先进事迹报告会在北京人民大会堂举行。

会议指出，张超同志是强国强军征程中涌现的先进典型，是“四有”新一代革命军人的杰出代表。张超同志身上体现了时代青年、当代军人的信念和忠诚，体现了海空卫士、英雄飞行员的血性和担当，体现了年轻的优秀共产党员的品格和风范，不愧为时代的楷模、人民军队的骄傲。实现中国梦强军梦，需要千千万万像张超这样的先进分子、优秀战士。全军和武警部队要广泛开展向张超同志学习活动，与“两学一做”学习教育和改革强军主题教育活动结合起来，教育激励广大官兵积极投身改革强军实践，做一个无愧于时代、无愧于强军事业的“四有”新一代革命军人。

报告会上，海军某舰载航空兵部队部队长戴明盟、海军某舰载航空兵部队参谋长助理王亮、南海舰队航空兵某团飞行中队长聂元闯、张超同志的妻子张亚、中央人民广播电台记者陈欣，从不同侧面深情讲述了张超同志的先进事迹和崇高精神。他们的报告感人肺腑、催人奋进，赢得现场听众的热烈掌声，驻京部队官兵代表等 750 多人参加了报告会。

时代需要榜样，榜样激励前行。2016年9月20日，《解放军报》第1版刊登一条重要新闻：《中央军委办公厅下发通知　要求全军和武警部队认真学习张超同志先进事迹　踊跃投身强军兴军伟大实践》。

2016 年 11 月 14 日，新华社发布了中央军委主席习近平签署的命令，追授张超“逐梦海天的强军先锋”荣誉称号。

为尊重历史，铭记英雄，现将 2016 年 11 月 15 日《人民日报》第 1 版头条新闻照录如下：

中央军委主席习近平签署命令 追授海军某舰载航空兵部队一级飞行员张超“逐梦海天的强军先锋”荣誉称号

新华社北京 11 月 14 日电 中央军委主席习近平日前签署命令，追授海军某舰载航空兵部队一级飞行员张超“逐梦海天的强军先锋”荣誉称号。

命令指出，张超同志矢志强军报国，倾力精武强能，勇于攻坚克难，坚守高尚品德，在每个岗位都拔尖过硬，先后数十次参加和完成战备巡逻、海上维权等重大任务。2015年3月，加入舰载机飞行员行列后，坚持以只争朝夕的劲头苦练精飞，取得优异成绩。2016年4月27日，张超在驾驶歼-15进行陆基模拟着舰训练时，飞机突发电传故障，不幸壮烈牺牲。张超同志是实现中国梦强军梦征程上涌现的先进典型，是忠诚践行强军目标的时代楷模，是“四有”新一代革命军人的杰出代表。

命令要求，全军和武警部队广大官兵要努力向张超同志学习，像他那样坚定理想信念，牢记使命担当，自觉把个人追求融入强军兴军伟大事业；像他那样积极练兵备战，大胆创新突破，不断提高打赢信息化战争需要的素质能力；像他那样砥砺血性胆气，发扬优良传统，勇于为党和人民奉献一切；像他那样坚守高尚品德，严守纪律规矩，始终保持革命军人良好形象。

中央军委号召，全军和武警部队广大官兵要以张超同志为榜样，高举中国特色社会主义伟大旗帜，坚持以邓小平理论、“三个代表”重要思想、科学发展观为指导，深入学习贯彻习主席系列重要讲话精神，团结奋进，锐意创新，扎实工作，为实现强军目标、建设世界一流军队贡献智慧和力量。

2016年11月30日上午，中央军委追授张超同志“逐梦海天的强军先锋”荣誉称号命名大会在海军某舰载航空兵部队举行。中央军委向张超同志的妻子张亚颁发一级英雄模范勋章和证书。

会议指出，习主席签署命令追授张超同志“逐梦海天的强军先锋”荣誉称号，这是习主席、中央军委对张超同志的最高褒奖，对海军航母部队的殷切期望，也是对海军广大官兵的激励鞭策。张超同志是我军献身航母事业的第一人，是“四有”新一代革命军人的杰出代表，是海军官兵矢志打赢的强军先锋。我们要学习他爱党报国、矢志强军的坚定信念，精武建功、献身使命的责任担当，英勇无畏、不怕牺牲的优良作风，爱舰爱岛爱海洋的深厚情怀。

2017 年 7 月 25 日，张超被推荐为“圆梦中国　德耀中华”第六届全国道德模范（敬业奉献模范）候选人。同年 11 月 17 日，张超被正式评为第六届全国道德模范。全国道德模范每两年评选一次，由中央文明办、全国总工会、共青团中央、全国妇联共同主办，是新中国成立以来规模最大、规格最高、选拔最广的道德模范评选，张超评选上敬业奉献模范当之无愧。

2018 年 6 月 27 日，中共中央追授 7 名同志“全国优秀共产党员”称号，张超位列其中。这 7 位同志为党和国家的事业献出了宝贵的生命，是全体共产党人学习的楷模。追授决定指出：为大力表彰宣传信念坚定、对党忠诚、担当作为、干事创业的新时代典型，激励和引导广大党员进一步把思想和行动统一到习近平新时代中国特色社会主义思想和党的十九大精神上来，不忘初心、牢记使命，见贤思齐、锐意进取，努力创造无愧于时代、无愧于人民、无愧于历史的业绩，党中央决定追授 7 名同志“全国优秀共产党员”称号。

2018 年 9 月 20 日，中央电视台《新闻联播》播出了中央军委批准增加林俊德、张超为全军挂像英模的消息。报道指出，中央军委政治工作部统一印制张思德、董存瑞、黄继光、邱少云、雷锋、苏宁、李向群、杨业功、林俊德、张超挂像英模画像。由此，原有的 8 位挂像英模增至 10 位，新的英雄故事将继续激励着全军将士在强军道路上砥砺奋进。

2019 年 9 月 29 日上午 10 时，中华人民共和国国家勋章和国家荣誉称号颁授仪式在人民大会堂隆重举行。中共中央总书记、国家主席、中央军委主席习近平分别向国家勋章和国家荣誉称号获得者授予“共和国勋章”“友谊勋章”和国家荣誉称号奖章。其中，烈士张超被颁授“人民英雄”国家荣誉称号。

国家荣誉称号奖章以红色、金色为主色调，章体采用五星、天安门、牡丹、旗帜、光芒等元素，章链采用中国结、花卉等元素，整体使用冷压成型、花丝镶嵌、珐琅等工艺制作，象征国家荣誉称号获得者在各领域各行业作出的重大贡献，彰显示范引领作用，激励全国各族人民不忘初心、牢记使命，为实现中华民族伟大复兴的中国梦而不懈奋斗。

张超的妻子张亚受邀出席。在人民大会堂金色大厅，在这个庄严神圣的时刻，张亚深切感受到了党和人民对英雄的礼赞和尊崇。她在接受媒体采访时说：“此时此刻，我更加思念我的丈夫，他永远活在我们心中，这份荣誉将他未竟的事业接力到我们肩上，我将秉承他的遗志，继续做他未完的事业。”

在张超的家乡岳阳，他的父母和社区干部群众代表一同观看了颁授仪式电视直播。张超的父亲张胜华说：“人民英雄授予他，是国家最高的荣誉，作为我们家属来说，我们感到很欣慰。对于为党和人民的事业作出了杰出贡献的人，国家和人民不会忘记他们，人民会永远牢记他们。张超能得到这份荣誉，也激励了后人为国家的强大、军队的强大和人民的幸福平安继续奋斗。我感到自豪，我有一个好儿子。”

颁授仪式电视直播前，岳阳楼区三眼桥街道办事处桃花山社区的党员干部群众来到王家河畔，向张超烈士雕塑敬献鲜花。大家表示，将以烈士为榜样，坚定理想信念，不忘初心、牢记使命，建设特色社区，建设幸福岳阳。

洞庭滔滔唱英雄

>>>

ZHUMENG HAI-TIAN
JI "RENMIN YINGXIONG"
ZHANG CHAO

他像一座丰碑，巍然屹立在洞庭湖畔，

高高矗立在岳阳500多万人民心中。

一方水土养一方人。岳阳自古是钟灵毓秀之地，八百里洞庭的浩荡之气养育了岳阳人的博大胸怀和心怀天下的凌云壮志：明代兵部尚书刘大夏是华容县人，辅佐孝宗实现“弘治中兴”，与王恕、马文升合称“弘治三君子”，又与李东阳、杨一清被称为“楚地三杰”；湘阴县人左宗棠，“晚清中兴四大名臣”之一，为收复新疆、推动新疆建省，作出了彪炳千秋的贡献；郭嵩焘也是湘阴县人，晚清官员，湘军创建者之一，曾任驻英公使、驻法使臣等职，是中国首位驻外使节。

历史发展到中国革命时期，在中国共产党的领导下，岳阳涌现出了许许多多杰出人物，他们为中国革命作出了不可磨灭的贡献：任弼时，中国共产党与中国工农红军主要领导者之一，汨罗人，伟大的马克思主义者，杰出的无产阶级革命家、政治家，是以毛泽东同志为核心的党的第一代中央领导集体的重要成员；卓越的军事家、军事教育家何长工是华容县人，秋收暴动期间，他参与设计了中国工农革命军第一面军旗，是井冈山“朱毛会师”的联络人，也是中国共产党历史上最早从事教育工作的教育家之一，曾在红军时期创办过工农红军学校，后长期领导抗日军政大学、东北军政大学；上将张震是平江县人，一生历经红军长征、抗日战争、解放战争和抗美援朝，他 1985 年受命创办了国防大学，曾任中央军委副主席。

江山代有才人出。中国特色社会主义进入新时代，在实现中华民族伟大复兴中国梦的征程中，岳阳又涌现了“逐梦海天的强军先锋”“全军挂像英模”“人民英雄”张超，他是全军的骄傲，更是岳阳人民的荣光，他像一座丰碑，巍然屹立在洞庭湖畔，高高矗立在岳阳 500 多万人民心中。

王家河公园岸线长 15 公里，像条闪亮的玉带穿城而过，一年四季风光旖旎。沿河两岸，屈原、范仲淹、左宗棠、郭嵩焘等古代历史文化名人的雕塑惟妙惟肖，任弼时、何长工、张震等中国革命杰出人物的雕塑栩栩如生，展示了岳阳深厚的历史文化底蕴，形成了一条独特的历史文化记忆走廊，成为市民休闲游览胜地。

张超被中央军委新增为全军挂像英模后，岳阳市委、市政府迅速作出决定，在王家河沿河风光带为张超塑像。2019 年 1 月 24 日，张超烈士雕塑揭幕仪式暨“巴陵先锋”党员活动日活动在王家河公园举行，张超雕塑与老一辈无产阶级革命家何长工雕塑仅距十多米，隔着一条小道相望。岳阳市委组织部长、岳阳市委宣传部长共同为张超烈士雕塑揭幕并敬献花篮，岳阳市委组织部机关第一党支部、王家河公园管理中心党支部全体党员干部参加。揭幕仪式上，大家深切缅怀了张超烈士的光辉事迹，纷纷表示要坚定理想信念，牢记使命担当，在烈士精神的激励下，凝聚力量、砥砺前行，扎实书写新时代的岳阳答卷。

烈士纪念日，是纪念烈士的法定纪念日。2018 年 4 月 27 日，第十三届全国人民代表大会常务委员会第二次会议通过《中华人民共和国英雄烈士保护法》，决定每年 9 月 30 日为烈士纪念日，国家在首都北京天安门广场人民英雄纪念碑前举行纪念仪式，缅怀英雄烈士。县级以上地方人民政府、军队有关部门应当在烈士纪念日举行纪念活动。

2018 年 9 月 30 日上午，习近平等党和国家领导人同首都各界群众代表一起，在天安门广场向人民英雄敬献花篮。

就在同一天，岳阳市委、市政府、市人大、市政协、市军分区领导与社会各界代表来到岳阳市烈士陵园举行烈士公祭活动，共同缅怀人民英雄、祭奠革命先烈。

各界代表特意来到张超烈士墓前敬献鲜花，缅怀英雄。

岳阳军分区政工科干事郑伟说：“中央军委批准增加张超烈士为全军挂像英模，极大地激励了驻岳部队官兵强军兴军、报效祖国的决心和勇气。张超让我们感受到了一种永恒的精神魅力，我决心以我的青春热血乃至生命报效祖国。”

东方红小学的少先队员佩戴着自制小花，祭扫英烈，重温少先队入队誓词。在张超烈士的墓前，老师给大家讲起了“强军先锋”张超逐梦海天的事迹，听着故事，同学们把深深的哀思与敬意一起叠进一朵朵小花，敬献在张超烈士的墓前。小花形状有别、颜色深浅不一，但都饱含着大家对烈士的敬仰、对继承遗志的庄严承诺。大家表示，作为新时代少先队员，应该树立远大理想，好好学习，为建设美丽中国贡献出自己的力量。

在这个特殊的纪念日里，张超的父亲张胜华站在儿子的墓碑前接受了新闻媒体的采访。他饱含深情地说：“张超从小的梦想就是当一名军人，如今，他为保家卫国献出了生命，我们全家都为他感到无比的骄傲与自豪。现在国家设立了烈士纪念日，说明国家没有忘记他们，他们为国家作了贡献，党和国家、人民群众对烈士们进行祭奠，这么隆重，心里还是非常安慰的。”

张超为国捐躯，树立了圣洁的精神坐标。这个精神坐标内涵十分丰富，根据我的采访，我大致将它概括为理想崇高、爱党爱国、向海图强、超越梦想、崇德向善。范仲淹在《岳阳楼记》中给仁人志士构筑出了一个精神坐标，那就是“先天下之忧而忧，后天下之乐而乐”。岳阳是“忧乐精神”的发源地，张超从小就在这种精神的熏陶下长大，它已成为他人生最重要的滋养并融入了他的血脉。应该说，张超身上表现出来的非比寻常的特质并非偶然，他在传承和光大中塑造了人生的丰碑，成为岳阳500多万儿女中最优秀的代表。在中国特色社会主义的新时代，张超身上散发出的迷人人格魅力，是我们很有必要去追求的。对岳阳人来说，英模张超就是身边的榜样，崇敬他、学习他，能燃起我们干事创业的激情。

2018 年 11 月，经中共岳阳市委同意，岳阳市委组织部发出通知，在全市开展向张超同志学习活动，学习弘扬张超同志的先进事迹和英勇精神，激励全市各级党员干部和广大群众爱国奉献、奋发有为，争做新时代的奋斗者。

通知发出后在全市广大干部群众中引起强烈反响。岳阳市委组织部率先开展学习活动，2018 年 11 月 1 日上午，岳阳市委组织部开展“向英模张超同志学习”主题党日活动。大家表示，张超同志是岳阳人民的骄傲，是巴陵儿女的优秀代表，永远值得大家学习和铭记。要以张超同志为榜样，学习他爱党、爱国、敬业、奉献的精神品质，不忘初心、牢记使命，坚定理想信念，对党绝对忠诚。要视事业为使命，立足岗位，履职尽责，砥砺奋进，以担当诠释忠诚，用作为彰显价值。

11 月 23 日，岳阳市人大常委会机关开展向张超同志学习活动暨“巴陵先锋”党员活动日活动，岳阳市人大常委会党组成员全部出席。他们来到张超家中，看望慰问张超家属；在张超烈士墓前敬献鲜花，缅怀英模。大家一致认为，张超同志身上生动展现了新时代共产党人把理想信念化为行动力量的政治品格和先锋形象。在全市开展向张超同志学习的活动中，要坚持学在深处、谋在新处、干在实处，时刻以一名合格党员的标准严格要求自己，以实际行动告慰张超同志不朽英魂。

驻岳部队官兵纷纷表示，要以实际行动向英模张超同志学习。岳阳军分区动员处参谋文敏说："从他的身上，我看到了新一代革命军人献身国防的奉献精神和奋不顾身顽强拼搏的品质，我也深刻感受到在和平年代，我们也可以在本职岗位上用自身实际行动献身国防和军队建设的伟大事业，也能够用热血忠诚谱写壮丽诗篇。"岳阳军分区政治工作处干事朱洪潮说："张超让我们感受到了一种永恒的精神魅力，我们誓以我们的青春热血乃至生命报效祖国，诠释中国军人献身强军的铮铮誓言。"岳阳军分区的普通战士刘小炎坚定地表示，要以张超等10位挂像英模为榜样，争做"四有"新一代革命军人，为实现党在新时代的强军目标贡献力量，为军旗增添新的光彩。

学英雄，见行动。岳阳楼区文化馆画家樊文胜拿起画笔，为张超绘制了画作《蓄势待发》：张超傲然而立，目光坚定，凝视蓝天，英姿勃发。樊文胜说："张超是我心中的大英雄，我是怀着无限敬意进行创作的。"画作在岳阳市美术馆展出时，张超的父亲张胜华看到了，有意收购这幅作品作为纪念。

樊文胜知道后，决定将其捐赠给英雄家人。樊文胜说："张超烈士事迹感人、催人奋进，是岳阳人民的骄傲。作为一名艺术工作者，能用艺术创作的方式来缅怀他，我深感荣幸。"

张超生前所居住的三眼桥街道办事处桃花山社区，还专门制作了张超的先进事迹展板，并多次在学校、社区、商场等地展出。

岳阳楼区土桥小学是张超的母校。为了宣传张超的英雄事迹，增强学生们的自豪感，鼓励他们从小树立远大理想，好好学习，岳阳楼区土桥小学校长谢孟秋、党支部书记刘章保俩人一合计，决定在学校开展"缅怀张超、学习张超"的活动。

我在土桥小学采访时，刘章保给我提供了很多活动资料，我对一份播音稿产生了兴趣。这份播音稿是学校广播站 2018 年播出的，指导老师介绍，事前，同学们查阅了大量资料，做了充分的准备。

土桥小学雏鹰广播站

第六周（10 月 10 日）纪念英模张超播音稿

女：敬爱的老师们，

男：亲爱的同学们，

齐：大家下午好！

男：雏鹰广播站又和大家见面了。

女：我是今天的主持人，来自 101 中队的胡楠。

男：我是主持人燕灵云，来自 103 中队。

齐：今天的雏鹰广播由我们为大家主持。

男：下面我们将介绍我校校友英模张超。

男：张超，男，湖南岳阳人，1986 年 8 月出生，2004 年 9 月入伍，2009 年 5 月入党，某舰载航空兵部队正营职中队长，大学本科学历，海军少校军衔，一级飞行员。张超曾是我们岳阳楼区土桥小学的学生，是我们的学长。

女：飞行员对飞机的感情，一般人是理解不了的。飞行员驾驶战鹰，两者就像兄弟一样。在遇到故障的时候，飞行员的第一反应肯定是挽救飞机，挽救国家财产，这正是张超那一天所做的壮举。

男：在一次训练中，面对战机突发故障，张超全力挽救战机，献出了年仅 29 岁的宝贵生命，用短暂青春书写了一名优秀共产党员的忠诚与担当，诠释了他对我们伟大的党、伟大的祖国的无比忠诚。

……

女：民族复兴的伟大梦想，海洋强国的时代召唤，造就了张超非凡的精神品格和顽强的意志品质，张超是在实现中国梦强军梦的伟大征程中涌现出的先进典型，是用生命为航母事业奠基的杰出典范，是“四有”新一代革命军人的突出代表。

男：最后，我们要向我们的学长张超学习，我们作为新世纪的青少年，是祖国的希望，祖国的未来必将属于我们。因此，大家更要继承和发扬崇高的爱国主义精神。

同学们，短短的播音时间马上要和大家说再见了。

女：我们下周同一时间不见不散。

转眼，又是一个清明节。

2019 年 4 月 3 日上午，岳阳烈士陵园内突然传出一阵清脆的枪声。不知情的人们满脸疑惑，大家寻声望去，只见巍峨的烈士纪念碑前，有一片显目的橄榄绿。武警岳阳支队官兵在这里举行“缅怀革命先烈、传承红色基因”清明祭奠活动，他们以 12 声鸣枪礼致敬“逐梦海天的强军先锋”张超。

鸣枪礼是军队特有的一种仪式，在军人葬礼、重大纪念活动等仪式中使用“鸣枪礼”，是世界上大多数国家军队的通行做法。我军也有先例，如 2009 年邱光华机组纪念雕像揭幕、2015 年安葬志愿军烈士遗骸等仪式中，都使用了“鸣枪礼”告慰英烈，引起社会强烈反响。2018 年 4 月，中央军委发布新修订的共同条令，明确为“参加作战、训练和执行其他重大军事行动任务牺牲的军人”举行葬礼仪式，以及纪念仪式中设置“鸣枪礼”环节，明确了礼兵人数、鸣枪次数、实施步骤、动作要领等规范，以更好地表达对烈士的褒奖、悼念和尊敬。

张超烈士的父亲张胜华受邀参加了活动。

官兵们在烈士纪念碑和张超烈士墓前献上一束寄托敬意的菊花。武警岳阳支队政委袁勇智说："致敬先烈，旨在培养官兵的英雄主义情怀和高尚气节，将先辈流传下来的红色基因传承下去，塑造新时代的革命军人。"

多次夺得"极限训练勇士"奖章的战士谌泽鹏一直以先烈精神激励自己："作为强军先锋的传人，就应该练好本领，坚决维护好驻地的安全稳定和人民的美好生活。"

供应保障中队指导员张西磊是第一次在烈士祭奠活动中为官兵授课，他说："任何时候，我们都绝不以当和平兵为荣，而是要做好随时打仗的充分准备，要用我们堪比前人、气壮山河的担当奉献与牺牲来挺起中国军人的精神脊梁。"

12 名礼兵，12 声枪声齐鸣，官兵们以特别的方式表达对张超烈士的最高敬意。

张超烈士的父亲张胜华看到这一幕，心里久久不能平静。

2019 年 4 月 4 日，我应邀参加了土桥小学在岳阳市烈士陵园举行的清明祭奠张超活动。土桥小学党支部书记刘章保介绍了张超英雄事迹后，张超烈士的父亲张胜华眼含热泪，宣读了一封写给小朋友的信——

张超在我心里，从小就是一个孝顺、懂事、比较聪明听话的孩子。下午放学回家，我们大人不在家没开门，他能自觉在家门前一个石凳上完成家庭作业。他勤奋好学，他的学习成绩一直很好，初中和高中就读于岳阳市第七中学，在老师和同学眼里，他是一个乐于助人的好学生、好同学，多次被评为“优秀班干部”和“三好学生”。他从小就有家国情怀，有当兵的志向，有当飞行员的梦想。2003 年读高三时，空军招飞，他选择报考飞行员从军。他通过层层考核和高考，以优异的成绩和健壮的身体，考上了空军航空大学，圆了他的从军梦、飞行梦。在部队首长和战友眼里，他是个有情有义的好战士、好战友。在院校培养基地训练时，他苦练精飞，在每个岗位都拔尖、过硬。他飞过 8 种机型，每改装一种机型，他都是在同批学员中第一个单飞、第一个打实弹、第一个担负战备值班的，成为大家公认的“飞行超人”“飞行天才”。

他敬老爱亲，孝心可鉴。每次探亲回家，都要看望爷爷和老师。他的一位战友母亲生病，急需手术用钱，他带头和大家筹集 4 万元及时送过去。我们老家修出村公路，他两次捐款。2008 年汶川大地震，他一次捐了几个月的津贴。

他和他的爱人感情非常好，由于工作性质不同，聚少离多。我儿媳和他一样，对父母很孝顺，经常给我们买衣、买鞋，就像亲生女儿一样。

为了追求强军梦，他几次放弃安稳的留校任教机会，放弃原部队提职的机会，第一个递交申请当航母舰载机飞行员。他比其他同班飞行员晚到整整两年，所以不断地自我加压，加班加点，补训苦训，6个月赶上训练进度，13个月完成上舰前的飞行训练任务。他始终以赶超的姿态奋力前行，以超多的汗水、超强的毅力收获了超常的成绩，使改装培训周期大大缩短。

我希望同学们向英雄学习，就要学习他们刻苦认真的精神，要以超强的毅力努力学习文化知识，加强体育锻炼，团结同学，互帮互爱，爱党爱国，成为祖国有用的栋梁之材，建设我们祖国的美好未来，为把我国建设成为世界强国而努力奋斗！

这封信是用岳阳市巴陵橡胶厂的材料纸写的，昨天写这封信时，他又经受了一次痛苦的回忆。写着写着，儿子的形象在脑海中出现，儿子仿佛笑容满面地站在眼前。他失声叫着儿子，可空荡荡的房间里，并没有儿子的踪影，就连儿子的气息也闻不到。他一声叹息，任凭热泪在饱经沧桑的脸上如珍珠般滚落。

风雨仍在纠缠，张胜华手上的信纸被雨水打湿。雨水浸染开来，信纸斑斑驳驳，仿佛一张写意的水墨画。张胜华仿佛看见儿子的身影在画中飘忽，声音禁不住哽咽了。

张胜华眼前整齐地站着一群小学生，他们统一身穿的白色雨衣，每个人手里都捧着一枝金黄色的菊花。孩子们肃立在风雨中，他们在聆听、在感受。张超的英雄事迹让他们心潮澎湃。

土桥小学副校长易三红和吴丹带领孩子们，诵读由作家卢宗仁撰写的诗歌（部分）。

相遇——致时代楷模张超

你与辽宁舰的甲板，
只有一步之遥，
胜利就要相遇。

你与美丽的妻子和女儿张上明珠，
只跨过三天，
幸福就要相遇。
你与共和国的鲜花，
只要提前两秒甚至一秒，
成功就要相遇……

你是一道彩虹，
灵魂永远与蓝天相遇！

师生共同朗诵，洪亮的声音穿透绵绵烟雨，飞向天外。

张超，你听到母校师生的深情呼唤了吗?

他们在缅怀你，学习你，以你为荣!

时光流逝，英灵永垂。

4 月 27 日，是张超烈士牺牲的日子。似乎是眨眼间，3 年过去了，但家乡人民没有忘记，也永远不会忘记这个特别的日子。

透过历史烟云，早在 2000 多年前的岳阳汨罗江上，爱国诗人屈原得知自己的国家被敌军攻破，悲痛欲绝，于公元前 278 年五月初五毅然怀石投江。屈原没有想到，为了纪念他，人们将他投江的日子设定为端午节。当初，张超从初二的语文课本上读到《雷电颂》时，内心对屈原充满了崇敬。文化程度不高的母亲饶有兴趣地给他讲了端午节的来历。张超感叹，一个人的逝世日，让天底下的中国人都记住，这是一件多么了不起的事。张超万万没有想到，仅仅过了 16 年，他驾驶舰载机一飞冲天，用壮丽的生命在蓝天与大地之间写下了永恒。2016 年 4 月 27 日，人民海军航母建设史上郑重地雕刻下了这个日子，全军将士也在心上铭记住了这个日子，岳阳人民更是把这个日子当成了一个特别的节日，向英雄致敬的节日!

清晨，天空低垂，大地肃穆。湖南省工业技师学院师生以及岳阳市栀子花志愿者协会代表，来到岳阳市烈士陵园，举行缅怀“逐梦海天的强军先锋”张超烈士活动。

4名身着制服、身材挺拔的护旗手擎着国旗走在队伍前方，另有身穿制服的4个学生，两人一组分别抬着花篮紧随其后，再往后是举着红旗的湖南省工业技师学院国旗班师生和岳阳市栀子花志愿者协会队伍。大家拾级而上，每个人都神情肃穆。

在雄伟的人民英雄纪念碑下，大家举行了庄严的缅怀仪式。仪式结束后，在张超烈士父亲张胜华的带领下，大家手捧菊花绕人民英雄纪念碑一周，然后依次来到张超烈士墓前献花、鞠躬，寄托无限的哀思。正在现场凭吊张超烈士的岳阳市七中党总支书记吴敏华、张超的老师王亮，还有我也一同参加了活动。

烈士陵园的缅怀活动结束后，我邀请张超的父亲张胜华坐上我的车，匆匆赶赴张超的母校岳阳市七中。

上午10点，2019年“文明岳阳·幸福巴陵”社区文化节系列活动第二场——全国道德模范、“全军十大挂像英模”、“逐梦海天的强军先锋”张超纪念活动，在那里举行。

活动现场，红旗招展，人头攒动。巨大的电子显示屏上，滚动播放着张超事迹的视频。

这次活动由中共岳阳市委宣传部、共青团岳阳市委、岳阳市精神文明办、岳阳市妇联、岳阳市教育体育局、岳阳市文广旅游局、岳阳日报社联合举办。参加纪念活动的有主办单位的领导、岳阳市七中师生、岳阳楼区基干民兵、岳阳楼红十字会、社区党员及居民、张超同学亲友、岳阳市栀子花志愿者、岳阳小记者、湖南省工业技师学院国旗班师生等。活动组织者还特别邀请了全国道德模范、湖南十三村食品有限公司董事长李国武，英模张超的父亲张胜华，以及岳阳市历届道德模范代表参加。

岳阳市七中校长刘岳勇同学校老师张静一起，创作了献给英雄张超的诗歌《你从这里走来》。20 多个身穿浅灰色套装的七中学生，上台进行了朗诵表演："你从洞庭湖畔走来，迎着那万顷波光。你从岳阳楼前走来，诵着那忧乐文章。你从七中校园走来，挥洒那青春激扬……"

声音铿锵，盖过了洞庭湖不绝的涛声，表达了对英雄的礼赞。

精彩节目不断，主题只有一个，那就是歌颂英雄张超。在中央电视台综艺节目中多次获奖的九年级学生王谦登上了舞台，他演唱的是歌颂英雄张超的原创歌曲《逐梦海天》。这首歌由岳阳民政局干部赵大咏、《长江信息报》首席记者韩章、张超烈士同学陈阳作词，赵大咏与享受国务院政府特殊津贴的著名作曲家郑冷横、陈阳作曲。王谦倾情演唱，歌声唱进人们的心里，激起大家对英雄张超的无限崇敬和深切缅怀。

全国道德模范、湖南十三村食品有限公司董事长李国武，怀着敬仰的心情走上舞台，发表了感人肺腑的讲话：“三年来，张超烈士的事迹一直深深地感动着我们每一个人，纪念英雄、告慰英雄，最好的方式就是牢记使命、砥砺奋进。从英雄的精神世界里汲取养分，会让我们的生命更有张力、更有高度。”

东方红小学365班学生李果代表岳阳小记者发言，向“逐梦海天的强军先锋”张超致敬，并号召所有的小记者学习张超烈士的优秀品格和爱国之情。

穿越时空的思念

ZHUMENG HAI-TIAN
JI "RENMIN YINGXIONG"
ZHANG CHAO

张亚的思念之花在心间疯长，浸润了每个日子，

她以书信的方式，向丈夫张超倾诉无尽的思念。

2018年，中央电视台大型人文艺术类节目《信·中国》开播。节目以“信”为载体，传递的是“信仰、信念、信守、自信”的内核，集中地展现从1921年建党至今近百年来共产党员的书信，让观众一同感受力量、信仰与家国之情。节目由著名演员以及观众熟知和喜爱的各界文艺工作者等来读信。

2018 年 3 月 30 日，节目播出第四期。演员王丽坤读的是辽宁舰烈士张超的妻子张亚写给丈夫的信。

这是一封没有称呼的信，是张亚在丈夫牺牲三天后在微信朋友圈里写下的。

这是一封无法寄出的信，张超已魂系海天！

节目中，舞台上模拟出了航空母舰的外形。王丽坤展开辽宁舰舰载机飞行员张超的妻子张亚所写的这封信，将时光拉回了记忆犹新的过往，听到了爱、内疚与遗憾。

正是这样一封充满爱意的信件，让更多的人了解了奋不顾身的新时代军人的光荣使命与信仰，了解了一直在背后默

默支持与付出的可爱的人。

王丽坤几度哽咽，直言“很难接受”，她相信像张超这样的英雄事迹一定能鼓舞更多年轻人，并带给他们无限的力量。

王丽坤：那一年，我辞职来部队找你，你来三亚机场接我，给我买了一束我最爱的百合，还给我带了一个石榴。飞机晚点，你等了我很久，花都蔫了，我故意问你是不是在路边捡的。你那开心的笑脸，好像发生在昨天！认识6年，结婚4年多，女儿两岁三个月，我们在一起的日子数得太清楚，后悔没早点来陪你。

主持人：张超走后，张亚几乎每天都发关于他的文字，头像也一直是一家三口的合影。2012年6月，张亚下决心辞掉了国航乘务员的工作，特招入伍来到张超所在的部队，本来想可以结束异地生活了，但张超却进入了舰载机部队，两人又开始两地分居的生活。张亚在民航时的领导，曾经想要张超来民航发展，劝他说做一名民航飞行员待遇好，又能陪在妻子身边，结果张超却当面谢绝了。回家以后他还跟妻子说：“如果所有的飞行员都去飞民航，谁来保卫我们的国？没有强大的国防，哪有民航满世界安全的飞行？”

王丽坤：前两天，我看着你瘦了、黑了，看着你还是那么帅、那么年轻，我舍不得你走，也知道你不舍得走。你欠我太多约定，下辈子记得来还！此生我为你守候，来生你要与我相依。

主持人：2010年，在表哥的撮合下，张亚被帅气的张超吸引，他们恋爱了。在一起的6年时间，张超从来没有给张亚过过一次生日，婚纱照也都没拍过，婚礼前一天张超才赶回老家，结婚的第二天张超又匆忙地赶回了部队。

王丽坤：太多遗憾，一切已经来不及了，你的双唇怎可如此冰冷？我仍然觉得，你只是太累了，睡着了。我不能像普通人一样拥有你，所谓的烈士听一次痛一次。你知道，纵使我平时再任性，我也只是想要拼命拥抱你！

主持人：舰载机飞行员是世界公认的最危险的职业，被称为在刀尖上跳舞，而这刀尖到底有多小？巨大的航母，在空中降落的视角看，只有一张小小的邮票大小，战斗机以几百公里的时速必须精准地落在4根阻拦索之间，而每根阻拦索间隔也只有10余米，他们好比在高速的运动中穿针引线。美国在刚发展航母的时候，平均每两天就摔落一架飞机，一共损失了1000多名飞行员。张超每次和妻子打电话，三句不离本行，他从小就想当兵，喜欢飞机，飞舰载机更是他的梦想。

王丽坤：对不起，我来晚了，让你走得如此孤单！为何梦不见你？难道你不会想我吗？这缕藏在你胸口的头发是我给你的信物，来生再续未尽的情。

主持人：张超的遗体告别仪式上，张亚把自己的一缕头发藏在张超胸口前的口袋里说："超，这是我给你的信物，下辈子你好找到我，下辈子我还嫁给你！"只有2岁的女儿含含看到爸爸灵堂上的照片，突然哭着说要找爸爸。张超走后的一段时间，女儿只要看到妈妈闭着眼睛睡觉，就使劲儿地拍打她的脸说："爸爸睡觉觉了，妈妈别睡！含含怕，妈妈你起来！"

王丽坤：多想再听你叫我一句老婆，多想把我的生命换给你。父母、女儿，这么重的担子，你怎可如此狠心让我一人扛！所有的安慰、言语，没有你，都是苍白的！我的天塌了！你知道吗？妻子：张亚。

主持人：张超是人民海军航母舰载机事业牺牲的第一位英烈。8月20日，张超的战友们带着他的照片顺利降落在辽宁舰上，实现了张超的愿望。

节目播出后，在社会上引起巨大反响，网友们纷纷留言。

一位网友留言：看完后，我哭了，哭得泣不成声，希望在天堂的你，看到了自己的梦想被实现，唯一的牵挂就是你的亲人，向你致敬，英雄，一路走好。

另一位网友留言：军人，一个崇高的职业；军嫂，一个普通的称谓。当二者结合，意味着她要承受常人难以想象的艰辛与劳苦，也承载着一份荣耀与担当。右手敬礼，左手牵你，不离不弃！

一位军迷留言：中华民族的今天，都是英雄们的流血牺牲换来的。祖国和人民不会忘记你，我们军迷永远记着你。

一位现役军人留言：虽不同兵种，但永远是战友！兄弟，祖国的天空、大地还有我们保卫！

天涯海角有穷时，只有相思无尽处。日子在悄无声息地流逝，思念不分昼夜疯长，掠过四季景色，唯有冬天的那一抹雪白，长成了最纯洁的花朵。

张亚的思念之花在心间疯长，浸润了每个日子，她以书信的方式，向丈夫张超倾诉无尽的思念。

超：

你说要把你成功着舰获得的鲜花献给我，让我与你一同感受这荣誉，可是天意弄人，未能如愿。

你的牺牲给战友们铺了一条勇往直前的路。他们没有退缩，而是以你为先锋，奋不顾身，替你飞，替你去实现我们的强军梦。

在你牺牲后的那个八月，他们成功着舰了，那时我恰巧在北京准备报告会，未能参加，很是遗憾。

听说艾哥是带着你的手电筒顺利着舰的。你走后，艾哥迟迟不肯搬离与你同住的宿舍，我还记得视频里你常常给我看艾哥种的绿萝，藤条已爬上房顶。

这个手电筒，是我们替你收拾遗物临走前艾哥特意问我要了留下的，他说你就像一束光，灿烂，照亮着他们前行的路。

我想，那天起飞前，艾哥一定会摸着放在胸前的手电筒说："兄弟，我带你一起着舰！"

这份情义让我懂得你舍身拯救战机的意义，战机不仅仅是你的武器，更是与你一同出生入死的战友，保护好战机、保留好完整的数据才能避免同样的事故发生在其他兄弟们的身上。

那天的庆功会，战友们给我发来视频电话，大家喜笑颜开，齐声对我说"我们成功啦"，已经记不得他们是否对我说"张亚，我们爱你"。

但那一刻，我深刻地记得，我在心里对他们喊话："兄弟们，我爱你们！"

我替张超深深地爱着你们，谢谢你们不畏艰难圆了张超的心愿。

你们的庆功酒，第一杯，一定是洒在地上，与超同饮，黄泉路上，超与你们同庆。

去年6月1日，基地特意安排我上舰，看新一批飞行员着舰，有意错开了其他家属的到来时间。

这批飞行员有你同班的曹哥，因此前跳伞受伤而延误了训练，记得那次你很后怕地告诉我，庆幸曹哥的幸运，否则就半身不遂了。

还有我们陵水的你的师弟老裴，你去舰载基地一年，我也没有机会去找你，大家都不认识我，也只有老裴见过我，那次是老裴带着大家去北京站接我，我仍旧深刻地记得在车上我用力抓着他的手问张超到底怎么了。

我是坐着直升机去航母的，车子来接我去外场，我抬头看见几架战机在空中编队，政委说那是你的同班同学在飞呢，阵阵轰鸣，响彻云际，甚是想念。

下了车，士官迎上前给我穿上救生衣，很热情地叫着“嫂子”，上了直升机，我才知道这位士官也叫“张超”，只是，此张超非彼张超，他与张超有过错拿包裹的巧事。

飞了近三年的空客，还是第一次坐直升机，“张超”给我们热情地介绍着，看着窗外，明朗的天空，浩瀚的大海。

很快飞机降落在航母上，螺旋桨转动的风特别大，放好梯子才开始下飞机。当我双脚踏在航母上的那一刻，碧海蓝天、云卷云舒，战舰昂首、劈波斩浪，战鹰待发、翘首云天——我体会到了你的追求，这是一种无法用言语表达的情怀。

作为“80后”，我曾经埋怨过，甚至怀疑过，你是不是真的爱我，是不是全身心地爱我。

站在航母上这一刻我懂了：我的丈夫他从来就不完全属于我，他属于我们的国家与民族，属于军队与国防，属于中国海军走向深蓝的伟大事业！

我再也忍不住号啕大哭起来，顾不上身上穿着的军装，只因这泪水里带着你莫大的遗憾。

飞机一架接一架挂钩着舰，甚是完美，一次次成功。

那天，我口袋里藏着你的相片：超，你看到了，也感受到了吧？

你的夙愿，他们替你完成了。

“同人久别离，消息不曾知。心似长堤柳，千丝又万丝。”这是宋朝人释文珦的《忆友》诗。张超牺牲后，他的战友也从来没有停止对他的思念。

我这里重点说说袁伟。

我第一次知道袁伟，是源于微信公众号“中国海军网”的报道。报道说，2017 年 10 月 23 日上午，海军在某舰载航空兵基地举行表彰大会，对成功处置“7・10”重大险情的有关人员进行嘉奖。会上宣读了通令，并向成功处置险情的袁伟、卢朝辉分别颁发了一等功、二等功的证书和奖章。

事情的经过是这样的：7月10日，在一次例行飞行训练中，该部队某舰载航空兵团飞行二大队副大队长袁伟驾驶着“飞鲨”战机，从空军某机场起飞不到40秒，突遇鸟撞左侧发动机起火险情。此时，携带8吨多航油的战机如同一颗巨大的炸弹，随时有可能爆炸。在塔台、僚机的密切配合下，袁伟面对生死考验，处变不惊、精准操作，接受指令50多条，完成操作上百次，成功挽救了战机，创下了战机撞鸟起火、载重超极限着陆、低高度单发迫降成功的航空兵特情处置奇迹。

习近平主席曾亲临该部队视察，亲切勉励大家勤学苦练。该部队把习主席的关怀嘱托转化为奋飞的前进动力，一次次突破了战斗力建设的关键技术，涌现出“航母战斗机英雄试飞员”戴明盟、一等功臣徐汉军、“逐梦海天的强军先锋”张超、党的十九大代表曹先建等多名优秀官兵，圆满完成了多项重大任务，成为海军新型作战力量的代表和海军战略转型的先锋。

后来，我又在新浪湖南看到了家乡媒体的报道，题目是《驾驶舰载机创特情处置奇迹　这个常德伢子荣立一等功》。报道说，11 月 23 日，常德市鼎城区牛鼻滩镇栏马口村锣鼓喧天、鞭炮齐鸣。鼎城区委常委、区人武部部长、政委以及区民政局领导一行，为获得一等功的现役军人袁伟家送去“一等功臣之家”牌匾和慰问品。

军地领导详细了解了袁伟父母的生活情况，感谢他们支持国防建设，为部队输送了优秀的飞行员。袁伟父母对党和政府的关心照顾表示感谢，为袁伟在部队里的表现感到欣慰和骄傲。此次登门送喜报活动，在当地引起了强烈反响，让获奖军人及军属倍感温暖与光荣，营造了“一人参军，全家光荣”的浓厚社会氛围。

我因采访、写作，对有关航母建设的新闻报道格外关注。我了解到袁伟跟张超是战友后，内心升腾起无限敬意，这真是一支英雄的部队，锻造了一个战无不胜的群体！

从此，袁伟在我心中成了“神”一样的人物，需仰视才见，我幻想有一天能见见心中的大英雄。

机会总是青睐有准备的人。2019 年 5 月 31 日晚上，我在某舰载机基地宿舍对袁伟进行了采访。

袁伟中等个子，浓眉阔脸，一脸笑容，非常阳光。他刚从篮球场上下来，脱了黑色的运动衫，换上了一件白色圆领汗衫。让我稍稍惊奇的是，白色圆领汗衫前是 4 个四方形的卡通图案，4 个图案分别是蓝、绿、淡红和浅黄 4 种颜色。图案中有两个非常显目，第一个两人拥抱的造型及第四个两人托举一颗巨大的心的造型。先前的神秘感消失了，我感觉他仿佛是邻家小弟。

我的采访就从他身上的白色圆领汗衫开始。

我微笑着说：“袁伟，你身上的汗衫很有特色。”

“老婆买的。”袁伟笑呵呵地说。

“你老婆在哪？”

袁伟告诉我，他老婆在青岛，有个 3 岁的儿子，一年中只有休探亲假时一家人才能团圆。

我感叹：“一个女人选择了军人，就意味着付出。”

袁伟脸上挂着笑容说：“是的，有时还要面对生死考验！”

我说："我曾在微信上看到一句心灵鸡汤——'哪有什么岁月静好，只不过是有人替你负重前行。'我看，这句话送给新时代的军人蛮贴切。"

"这句话我也见过，很有道理。"袁伟笑容满面。

"来之前，我在网上查阅了一些资料，发现你跟张超的关系很特别。"

袁伟看着我笑而不语，我知道他在等待下文。

我说："你是常德人，张超是岳阳人，都是湖南人；还有，你跟张超是同一个批次从南海航空兵部队挑选进舰载机部队的。"

袁伟说："我还补充两点，一是我同张超是同一天，坐同一架飞机来舰载机部队报到的；二是刚进舰载机部队时，我和他住同一个寝室，就是现在的3004室。"

"你跟他同一个寝室住了多久？"

袁伟想了想说："三个多月吧。后来部队制定了一个老带新的办法，我跟张超都属于新人，我搬出去，艾群搬进来跟他住。"

"你跟张超朝夕相处，感情不一般。"

"那是肯定的，张超是个好佬，从嘎试到部队，我们一直亲如兄弟。"

陪同采访的谢佑贤笑着插话："你们讲的什么话？我越来越听不懂了。"

我说："我们说的袁伟的家乡话，常德话。你是湖北人，确实难得听懂。"

谢佑贤不解："你是岳阳人，怎么会说常德话？"

我解释，我是岳阳市管辖的华容县人，1949 年湖南和平解放后，华容县曾划归常德地区管辖，所以，从历史沿革上来讲，我跟袁伟也是老乡。我说，袁伟说张超是个好佬，"好佬"在常德话中是"很厉害"的意思，"从嘎试到部队"中的"嘎试"是"开始"的意思。

听了我的解释，谢佑贤哈哈笑了。

笑过之后，我问袁伟："2019 年 4 月 5 日《光明日报》刊发了你写给张超的信，实际上，这是一封无法寄出的信。时隔 3 年之后，你怎么想到要写这封信，背后有什么故事？"

袁伟收起了脸上的笑容："其实，之前我也写过，只是没有拿出来发表。我写信的目的有三个，一是表达思念，二是汇报工作，三是展望未来。总之，让张超泉下有知，他生前热爱的航母事业正蓬勃发展，人民海军正日益强大，祖国的海疆有我们保卫！"

袁伟没有再说家乡话，普通话铿锵有力。我从他坚毅的脸上读到了一个军人崇高的使命感，体会到了他热爱航母事业、捍卫祖国领土的坚强决心。

下面，我把袁伟发表在《光明日报》上的信抄录如下，以飨读者。

祖国永远不会忘记忠于她的人
——写给战友张超的信

超：

时间过得真快，转眼间你已经离开我们3年了，我们真的真的很想你！

习主席在今年新年贺词中提到一些“闪亮的名字”，这其中就有你，你的名字和张思德、董存瑞、黄继光等英雄前辈的名字紧紧联系在一起，成为我们学习的榜样。

3年前，你驾驶战机进行当天最后一架次模拟着舰训练，你以丰富的经验、娴熟的技术，操控飞机落在理想着舰位置，获得了当天场次最高分。经过“最危险”的着陆阶段，飞机快速平稳地向前滑动，可谁知就在“落地为安”后，飞机突发电传故障，机头急促上扬，按特情处置规定，你本可以立即跳伞，可是你却为了保住战机，错过了最佳跳伞时机，永远离我们而去了！

你永远离开了我们，却又一直陪伴着我们。你走后，全军上下掀起了学习你的先进事迹的热潮。作为你的战友，我们有先天优势，在你的激励下，近几年，我们取得了许多耀眼的成绩。

你走后，我们同班的兄弟虽然悲痛不已，但却下决心把你未实现的梦想早日实现，当年全部顺利通过航母飞行资质认证。这几年，我们组织各型机开展跨区机动训练并赴西太平洋进行远海训练。对了，超，有个大好消息要告诉你，我们有好几位战友成功取得夜间航母飞行资质认证，多么了不起啊！这可是举世瞩目的成就，要知道，世界上有航母的国家就那么几个，而这些国家里具备夜间着舰能力的就更屈指可数了。2017 年，我们参加了庆祝建军 90 周年阅兵，在朱日和联合训练基地接受习主席检阅。去年，习主席又在南海海域海上阅兵中检阅我们，并现场观看了舰载战斗机滑跃起飞，基地全体官兵备受鼓舞。

超，这几年，我们积极探索、积累经验，使飞行员培养周期大幅缩短，批次承训能力、批次上舰规模、上舰培训效率成倍提升。

不仅如此，我们还有了第二艘航母！这多么令人振奋啊，我们的事业是多么辉煌，前景是多么广阔！越来越多的有志青年加入到我们的队伍里来。超，你放心，你未竟的事业我们一定帮你完成，你未遂的心愿我们一定帮你实现，你为祖国的航母事业献出了宝贵的生命，祖国也永远不会忘记那些忠于祖国的人，你将成为航母事业的一座丰碑！

你的战友：袁伟

2019 年 4 月 4 日

树高千尺也忘不了根，张超成长的关键之“根”在岳阳市七中，母校师生以张超为荣，他们的思念和着洞庭湖的涛声，飞向天外，经久不息。

王亮是张超招飞时的体能训练老师，两人有着深厚的师生情谊。张超牺牲后，王亮异常悲痛，创作了一首词，刊登在2016年8月3日的《人民海军》报上。

满江红·忆张超

猎猎军旗，晴空舞，水遥山旷。惜壮士，风华骁勇，顿成绝唱。父母欲哭泪已干，妻儿含悲人成像。堪仲夏，恸悸似冰河，思如浪。

抚往事，犹未凉。身飒爽，空留巷。护西沙南海，震倭安壤。保寸土铁骨铮铮，守蓝天赤心朗朗。忆忠魂，正斩浪劈波，凌云上。

岳阳市七中校长刘岳勇在张超烈士牺牲三周年之际，特地写了一篇文采飞扬的纪念文章，刊登在学校宣传窗。

致敬英雄 缅怀先烈

著名作家郁达夫说：“一个没有英雄的民族是不幸的，

一个有英雄却不知敬重爱惜的民族是不可救药的。”

习近平总书记说：“一个有希望的民族不能没有英雄，一个有前途的国家不能没有先锋。包括抗战英雄在内的一切民族英雄，都是中华民族的脊梁，他们的事迹和精神都是激励我们前行的强大力量。”

天地英雄气，千秋尚凛然。学校既是培养英雄的摇篮，更是崇尚英雄、捍卫英雄、学习英雄、关爱英雄的阵地。面对我们民族的英雄及其精神，要心怀崇敬去缅怀，浓墨重彩去讴歌，全心全意去学习，身体力行去发扬。

十位挂像英模中的张超烈士，在我们学校度过了六年美好的中学时光，留下了许多闪光的足迹。他是和平时代的英雄，是祖国的骄傲，是母校的荣光，是离我们最近的英雄。我们应该学习他一切为党、为国家、为人民的无私奉献、不怕牺牲的精神，学习他锤炼本领、勇创一流的使命担当，学习他以国家为重、人民为先的赤胆忠心。张超烈士的事迹是我校永恒的爱国主义教育主题，我们要把英雄作为自己人生的标杆，从英雄身上汲取奋发的力量，让英雄的精神光芒照亮我们脚下之路。

让我们踏着英雄的足迹，砥砺前行。

向英雄学习，向英雄致敬！

肖芳跟张超是初中同学，她大学毕业后，考上了江苏省镇江市某乡镇公务员，通过努力，现在已提拔成乡镇宣传委员。得知张超牺牲的消息后，她强忍悲痛，写下了一首诗，表达心中的思念。

依稀是昨日，道别时，你说：我们明年再聚
岂知近期，却是聚首永无期
依稀是昨日，大伙围坐，听你言笑晏晏
周身仿佛波光粼粼
岂知今日，色彩黯然
只剩肃穆、沉痛与哀泣

一颗星子坠落
于世界而言未有任何改变
对于仰望星空的人而言
却是失去了照亮前路的温暖指引

曾与你同行
而今你却来不及说声：抱歉，我先走了

唯愿
岁月更迭，时空轮转
多年后的某一天

我们能再度相逢

你依然剑眉星目，英俊潇洒
届时垂垂老翁再围首
听你说沧海横流，我心依旧

张超永远活在同学们心中，天南地北的同学无时无刻不在怀念他、崇敬他。

2019 年是中华人民共和国成立 70 周年，10 月 1 日上午，庆祝中华人民共和国成立 70 周年大会在北京天安门广场隆重举行，20 余万军民以盛大的阅兵仪式和群众游行欢庆共和国七十华诞。

各大媒体都在争先恐后地报道阅兵式盛况，张超烈士的妻子张亚发的一条微信朋友圈，也让无数网友动容。

微信朋友圈是这样写的：“姐姐拍到的一幕，在张超的墓前，张超的同学刘刚开着手机陪着超哥一起看阅兵。感动于这份同学情谊！”

这条充满温情的微信经转发后，引起社会巨大反响。网友纷纷留言，“鼻酸”“致敬”充满眼帘。

张超的战友留言：“今天，我们几百万战友都陪着超哥一起看！”

央视新闻微信公众号转发这条消息时，用了“泪目，含泪转发！”的语句。

刘刚是张超小学、初中和高中的同学，此前我采访过他两次。

高考时，张超考上了空军航空大学，而刘刚却落榜了。此后，刘刚在外四处打工，直到2017年回到岳阳，到某保险公司任职。

我看到相关新闻后，马上联系了刘刚，刘刚很快来到了我办公室接受我的采访。

刘刚说，他同张超的同学感情很深，尤其是读小学五年级，他被校外的“调皮蛋”欺负时，张超勇敢地站出来保护他，他一辈子都铭记在心。他出去打工后，他们一直没有机会见面，尤其是张超牺牲后安葬在家乡的烈士陵园，他也没有到场，他一直心怀愧疚。

国庆节快到了，他早早地做了计划，国庆那天到张超的墓地陪他看国庆阅兵。他特意提前两天到泰和大市场买了一面鲜艳的国旗。

国庆节这天一大早，他就带着六岁半的儿子刘力来到了岳阳烈士陵园。儿子问他，今天不在家里看阅兵，去烈士陵园干什么？他说，爸爸带你去陪一位英雄一起看阅兵。儿子问，什么叫英雄？他说，英雄是为了国家利益和人民的利益英勇奋斗、不怕牺牲的人。儿子似懂非懂，他又给儿子耐心解释。他教育儿子，从小要树立远大理想，向爸爸的同学学习，做一个对国家、对社会有贡献的人。

来到张超的墓地，刘刚同儿子一起挂好国旗，又打开了伞。儿子问他，又没下雨，撑伞干什么。他说：“今天是晴天，太阳大，在太阳底下爸爸的同学看不清手机画面，打伞遮了光，才能看清哦。”儿子竖起大拇指称赞他：“爸爸，你好细心。”刘刚说：“做人就是要细心，什么事情都要想得周到。”

刘刚打开手机，调到中央一台国庆阅兵直播，主持人铿锵激昂的声音仿佛唤醒了长眠的张超烈士，也唤醒了烈士陵园沉睡的英灵。他们一起看阅兵直播，感受人民军队气吞山河的威武雄壮。

这时，两个穿着时尚的美女朝张超墓地走了过来。走在前面的是张超的大姨姐张鑫，紧跟着的是二姨姐张珂。2019年9月29日，张超被颁授“人民英雄”国家荣誉称号。小妹张亚应邀在北京参加颁授仪式，她制作了女儿含含捧着奖章的视频，张鑫姐妹俩看到视频后非常激动，相约来到张超的墓地，把视频放给他看，让他九泉之下安心。

姐妹俩看到刘刚父子席地而坐看阅兵直播的情景，暗暗吃了一惊。问清情况后，姐妹俩感动得热泪盈眶，为张超有这么有情有义的同学感到无比欣慰。

张鑫悄悄拍了一张照片发给了正在阅兵仪式现场的小妹张亚，张亚眼含热泪，当即编了一条朋友圈表示感谢。没想到，这条朋友圈被广泛转发，在人们的心海掀起巨大波涛，成为人民铭记英雄、学习英雄的经典佳话。

在蓝天与大地之间

>>>

ZHUMENG HAI-TIAN

JI "RENMIN YINGXIONG"

ZHANG CHAO

这段佳话，

必将在蓝天与大地之间经久流传！

得知张超的父亲张胜华住院，纯属偶然。

为采写张超的长篇报告文学，6个多月来，我只要有时间，就会隔三岔五跟张胜华打电话，一点一滴慢慢挖掘。

根据我的采访记录，我采访了他30多次。

2019年5月13日下午，我给张胜华打电话，相约第二天去他家里采访。他说有事不在家，我说那就下午见面。张胜华说，下午也没有时间。我问他什么时候有时间，他说近一个星期都没时间。他老伴、儿媳妇和孙女都在北京，我以为他要去北京。被我追问急了，他不得不告诉我实情，他约好了明天住院，做个小手术。我心里一惊，问什么手术，他说腹股沟疝修补术。我知道他一个人在岳阳，自告奋勇说第二天去照顾他。他说不必惊动我，有人照顾。我知道他乡下有三个妹妹，以为是他妹妹来照顾，没有再强求。我说什么时候方便，一定去看望他。他说等两天做完手术就行，末了，他反复叮嘱我，千万不要在外面说，免得惊动了别人。

5月16日上午，我意外地接到了张胜华的电话，告诉我张超生前部队的首长会来岳阳看望他。我心里微微一惊，怎么回事？不是说小手术吗，怎么还惊动了部队首长？

为了弄清情况，我立马赶往广济医院泌尿科。

到了病房，我一眼看见张胜华穿着条纹病号服坐在床上，他见了我连忙站起身微笑着跟我打招呼。我问怎么样，他仍然说是一个小手术，吊两天针就可出院了。

说话间，一名护士推着护理小车进来了，张胜华马上坐回床上，伸出手臂让护士量血压。护士说血压正常，可以输液了。护士动作娴熟地为他输上了液，他躺了下来。

刚躺下，一个穿着蓝色圆领T恤的小伙子上前为他盖好被子。

我称赞说："小伙子蛮细心，不错！"

张胜华说："小伙子是武警战士，照顾我两天两夜了，帮我接屎接尿，冇得一句怨言，确实不错！"

我眼睛瞪得铜铃大，我以为这个小伙子是他外甥或者什么晚辈。

挂着的药瓶很有节奏地冒着水泡，药水顺着胶管均匀地流入了张胜华的身体。

正好闲着，我跟小伙子小声聊了起来。

小伙子叫杨林渤，河南济源人，21岁。2016年9月应征入伍，是武警岳阳支队机关宣传股报道员。春节期间，他随支队政委、政治工作处主任上门看望张超的父亲张胜华。

支队首长表示，张胜华如果有什么困难，随时可跟小杨联系。

张胜华患腹股沟疝气有很多年了，几年前做了右边修补术，左边的一直没做。前不久，他发现左腹股沟长出了一个硬块，只要弯腰就疼痛。他知道不能再拖了，必须住院做手术。

5月14日，他给岳阳楼区退役军人事务局领导打电话，说明情况。局领导当即安排优抚股长任翼飞负责跟他对接，任翼飞没有耽误一分钟，帮张胜华办好了住院手续。他特别交代医院领导，两人间的病房只安排张胜华一个人住。

任翼飞见张胜华一个人住院，决定由单位出面请一个陪护。张胜华说，请陪护要花钱，不行，他自己想办法解决。任翼飞不放心，张胜华掏出手机给武警岳阳支队杨林渤打了个电话。杨林渤说，他正好休假，有时间陪护。杨林渤纪律观念很强，马上向支队领导报告，支队首长说，牺牲休假时间陪护英模的父亲，值得表扬，并叮嘱他注意事项。

得到了支队首长的支持，仅仅半个小时，杨林渤就精神抖擞地走进了张胜华的病房。

任翼飞放心了，他叮嘱张胜华，如果有什么困难、有什么要求只管提出来。张胜华说，已经够麻烦了，非常感谢，没有什么困难了。

杨林渤来这里陪护张胜华已有两天两夜，他的主要职责是照顾张胜华的饮食起居，密切关注他的身体状况，随时找医生为他提供医疗服务。

我把头扭向张胜华，他双眼微闭，一脸平静。

我说："小杨，你为张叔接屎接尿习惯吗？"

杨林渤是个很腼腆的人，一脸纯朴的微笑："习惯啊，张叔是英雄的父亲，我把他当自己的父亲一样看待，尽心尽力照顾。"

我为杨林渤的付出感动，一个普通的武警战士，思想境界却不普通。

"你晚上也住这里？"

"是的，24 小时不离人。"

为了不影响张胜华休息，我跟小杨建议，我们到病房外聊聊。

小杨脸上的笑容消失了，一脸严肃："不行哦，我必须严格执行上级规定，必须每分每秒守在张叔身边。"

"小杨，好样的！"我内心肃然起敬。

好不容易吊完了第一瓶水，护士挂好第二瓶水刚出门，张胜华忽然坐了起来。他从床头柜里摸出一包烟，竟"叭"的一声点燃了一支。

我笑着制止他："医院里不准抽烟嘞。"

张胜华吐出一口烟，笑嘻嘻地说："只要护士不来，冇事。"他放下打火机，接着说，"这个病房里反正只有我一个人，又不会影响别人。"

我开小杨的玩笑：“小杨，张叔抽烟你怎么不制止？”

小杨憨憨地笑了：“这个上级没有规定。”

我说：“看来，你的服从意识很强哦！”

张胜华说：“部队里丁是丁，卯是卯，规矩得很。”

“服从命令是军人的天职！”小杨补充说。

我见张胜华心情很好，问他张超生前部队是怎么知道他生病住院的。

张胜华说，14 号奔波了一天，十分疲倦，他早早地睡了，陪护的武警战士小杨则睡在另一张床上。

第二天醒来，张胜华习惯性地打开手机，哪知怎么也开不了。他想起来了，昨晚并没有关机，也没有充电，应该是电量耗尽自动关机了。他赶紧充电，充了一会儿后赶紧开机。

开了机，他发现有几十个未接电话，有老伴的，有儿媳妇张亚的，有亲戚的，还有几个陌生号码。他正满腹狐疑，电话响了，显示是张亚打来的：“爸，您终于开机了，昨天一天没有您的消息，又找不到人，急死我们了……”

原来，张胜华一个人在岳阳，老伴不放心，约定每天打个电话报平安。昨天因为忙着办住院手续，自己也劳累了，忘了打电话。巧的是，手机没电了自动关了机。还有更巧的是，张超生前部队首长找他有事，电话也打不通。

这个情况很反常，张胜华一般都是 24 小时开机。突然音讯全无，老伴急了，张亚急了，部队首长也急了。万般无奈之际，张亚打电话要自己的父亲去张胜华住的地方看看。张亚的父亲迅速来到张胜华住的房子查看，先是打电话，仍然关机，然后敲门、拍门，还是没有反应。他看到走廊上鞋子摆得整整齐齐，丝毫看不出有什么异样。他冥思苦想，他去哪里了呢？他突然想起了一件事，张胜华前几天跟他说过，他最近两天会去住院做个小手术，去哪个医院他没讲，他应该是去住院了。这样推测，他心里安稳多了，便打电话给女儿叫她莫急，明天一大早就会有消息。

部队首长得知张胜华住院手术了，当即决定派张超生前所在飞行团副营职教导员谢佑贤赶赴湖南岳阳。

就在前一天，谢佑贤已经到达医院看望了张胜华，并留下来陪护。

得知消息的岳阳军分区首长、岳阳楼区退役军人事务局领导、岳阳楼区武装部首长以及武警岳阳支队首长纷纷前来看望。

2019 年 5 月 17 日晚上 10 点 56 分，我很意外地收到了北部战区海军航空兵部队政治工作部宣传干事孙飞的短信，告诉我：“张超生前单位一位首长同宣传科长朱为俊明天坐飞机去岳阳看望张超的父亲。”我回信说：“一定接待好。”孙飞十分幽默地说：“您还没来过，他们先去拜访您啦。”

说起来，我同孙飞的交往，背后还真有故事。我因为写作关于张超的长篇报告文学，要去张超生前部队采访，我向海军政治工作部宣传局写了申请报告，海军政治工作部宣传局很重视，明确宣传干事侯融跟我联系。侯干事遵照领导的指示，又将我的申请报告转给了北部战区海军航空兵部队政治工作部，领导又明确宣传干事孙飞跟我联系。再后来到张超生前所在的某舰载机部队，又明确宣传干事刘永卿负责我的采访事宜。这一路下来，我麻烦了很多人，心里很过意不去。

孙飞告诉了我朱为俊科长的电话，本想立即给朱为俊打电话联系，我见时间太晚了，不好意思打扰。第二天早晨，我打通了朱科长的电话，他告诉我，他们坐飞机到达长沙黄花机场后，再坐 G1002 高铁到岳阳，上午 10 点 46 分到达。我说我开车去车站接，朱科长坚决不同意，说他们自己打车。我说：“你们都是第一次来岳阳，什么都不熟，最重要的是，你们不知道张超的爸爸住的医院，我给你们带个路。”见我说得有道理，朱科长这才连说了两个“好吧”。

见了面，我才知道孙飞告诉我的“一位首长”，原来是张超生前所在部队政治工作部主任于海波。我十分感动，部队对张超的家人真是太重视了！于海波主任个子高挑，浑身透出一股英武之气，让人敬仰。他告诉我，他才出差回部队，听说张超的爸爸生病住院了，马上又赶过来了。我说部队已经派谢佑贤来了，于海波主任说，小谢是来打前站的，部队很重视这事。

下午 3 点，于海波主任、朱为俊科长穿着藏青色制服同谢佑贤一道，气宇轩昂地跨进了张胜华的病房。

“张叔，您好！”于海波主任抱着一束鲜花送给张胜华。

“我做一个小手术，你们大老远地跑来看我，太麻烦你们了！”张胜华说一口还算标准的普通话。

“张叔，您千万别这么说，听说您住院了，我们都很着急，您一个人住院，没有人照顾，多不方便。”于海波边说边递给张胜华一个红包，“我、朱科长，还有小谢，代表基地来看您，祝您身体早日康复。”

朱为俊从黑色提包中掏出一条烟递给于海波，于海波接过递给张胜华：“我知道您喜欢抽烟，特别带了条烟送您。”

张胜华双手接过烟，难为情地笑着说：“真是不好意思，谢谢你了。”

于海波说：“您客气啥啊，张超走了，我们都是您的儿子！您有什么事，有什么困难，尽管告诉我们，我们保证完成好。”

见张胜华一直站着，于海波连忙扶他坐到床上。

刚坐下，张胜华从抽屉里拿出一包烟，抽出一支递给于海波：“于主任，抽支烟吧。”

于海波摇着手说："张叔，这是医院，不能抽烟。"

张胜华说："我这是外科手术，又是一个人一间房，不会影响别人，不要紧的。"

于海波见一包烟只剩几支了，笑着问："张叔，您在病房里经常抽吗？"

站住一旁的杨林渤说："张叔只怕护士，他背着护士经常抽。"

于海波的目光停留在小杨脸上："这位是？"

张胜华接话说，他是武警岳阳支队的战士，从住院的那天起就一直陪护，还帮忙接屎接尿，很不错。

于海波连忙握住小杨的手表示感谢，并委托他向支队首长表示感谢。

"于主任，还是抽支烟吧。"张胜华笑眯眯地又递上烟。

"张叔，您还惦记着抽烟的事儿。"于海波笑声朗朗。

"你放心，下午不打针了，护士不会来了。"张胜华话音刚落，大家哈哈大笑。

"我烟瘾大，想抽了，一个人不好意思抽。"

"既然这样，我陪您抽一支。"于海波说。

于海波又详细询问了一些情况，张胜华反复强调，这是个小手术，按常规，一个星期就可出院。

坐了近一个小时，于海波准备起身告辞。他告诉张胜华，基地首长决定，朱为俊和谢佑贤留下来陪护他，直到他身体完全康复。张胜华说，不必这样，武警岳阳支队安排了人。于海波态度坚决，他们两个留下来陪护，是基地全体官兵的心愿。

第二天上午，细雨纷飞。我陪着于海波一行三人到了岳阳市烈士陵园，祭奠了张超。朱为俊很细心，事先吩咐谢佑贤买了一个花篮、几个苹果。于海波放好花篮，摆上苹果，大声说：“张超兄弟，我们代表基地来看你了！”说完，他们肃立在张超墓前，由于海波发口令，三鞠躬。

我介绍说，在这里陪伴张超的，都是解放战争中牺牲的烈士。

于海波又发口令，向他们三鞠躬。

从烈士陵园出来，我带他们来到王家河公园，祭拜了张超塑像。

于海波主任返回部队了，朱为俊和谢佑贤留了下来。张胜华输液时，他俩寸步不离陪着，到了饭点请张胜华去饭店吃饭。张胜华心里过意不去，也很不自在。

由于伤口愈合不是太好，张胜华一直没有拆线，但不需要住院了，朱为俊和谢佑贤就整天守在他家里。张胜华无可奈何，苦口婆心劝他俩马上回部队，他们就是不同意。朱为俊说，他的伤口不拆线、不愈合，他们不会走。过了几天，张胜华去医院复查，医生告诉他，再等两天就可拆线了。他告诉朱为俊，这两天他要去乡下做客，不在岳阳。他其实是“谎报军情”，玩“躲猫猫”，本意是让他们放松一下。

朱为俊信以为真，同谢佑贤商量，两人自由活动一天，剩下一天时间到张超的母校去看看，顺便收集一些资料。

我见他俩很辛苦，又是闲暇时间，便想尽地主之谊，请他俩吃饭。我打谢佑贤的电话，他说在岳父家。我顺便问了句他岳父家在哪，他说在华容县。我一下子兴奋起来，我是华容人啊，跟他岳父是老乡咧。谢佑贤老家湖北恩施，又在渤海湾某舰载机基地服役，我怎么也想不明白，他怎么找了个华容老婆。我问他岳父华容哪的，他说插旗镇，我的心跳一下子加速了。我问插旗镇哪个村，他说曙光村。我顿时在电话里大叫起来：“我就是曙光村的，你岳父跟我一个村！你快点回岳阳来，晚上我们好好喝一杯！”

我看过一份资料，两个陌生人相识的概率是千万分之五，这么微乎其微的概率，却在我们的生活中每天发生。古人云：若无相欠，怎会相见。我同谢佑贤之间“相欠”什么呢？我想，我们共同相欠的，是对英模张超的学习和宣传，是对张超家人的关心关怀。如果他不是肩负重任照顾张超的父亲，我不是采写张超的英雄事迹，我同他怎么会认识呢！

第二天，朱为俊和谢佑贤先后去了张超小学就读的岳阳楼区土桥小学，初中、高中就读的岳阳市七中走访。朱为俊了解到，土桥小学因城市建设面临拆迁分流，他先后三次去走访调查，帮学校出主意。我也数次去土桥小学采访，并出面请岳阳市人大、岳阳楼区人大和岳阳楼区教育局相关领导到土桥小学现场调研。我还带着土桥小学党总支书记刘章保去市委办、政府办给主要领导送报告。不久，岳阳市委书记亲自作出了批示。

转眼间，7 天过去了。5 月 25 日，朱为俊提出想去张超的出生地看看。张胜华欣然同意，我自告奋勇说我开车去。朱为俊一脸狐疑看着我，我知道他担心路上的安全。我说我去过，熟悉路况，一路过去都是平地，没有山路。再说我已有 5 年驾龄，没问题的。朱为俊坐过我几次车，知道我的技术还行，最后微笑着说："好吧。"

一路过去的道路虽弯弯曲曲，但都是水泥路。我小心驾驶，眼观六路，时刻提防从旁边的岔道飞出的摩托车。

大约 50 分钟后，我们到了岳阳县筻口镇潆市村（原南沅村）张福山组，张超就出生在这里。

我正准备泊车，天空忽然下起了瓢泼大雨，我们只能在车上坐一会。

朱为俊自言自语说："那天开追悼会也下了很大的雨。"朱为俊无头无尾的这句话，我懂。

我在舰载机基地采访时，很多战友都描述了张超追悼会那天上午的天气。狂风暴雨扑面而来，根本看不清路面，那样的极端天气非常罕见。可开完追悼会出来，雨停了，天晴了。战友们都说，这是老天不忍心张超离去！

我说："你们俩第一次来张超出生地看望，张超在天之灵以特殊的方式欢迎你们。"

朱为俊一脸悲戚说："也许是吧。"

我看见张胜华眼圈都红了。

仅仅过了一分多钟，雨竟停了。

在我看来，这雨下得有些神奇，充满仪式感。

房子位于一块高地上，白墙红瓦，是典型的水乡风格。门前晒坪的三分之一种着菜，用绿色的丝网围着，几只芦花鸡"咯咯咯"地在旁边寻食。空着的晒坪上停着一台农用三轮车，是张超的叔叔的。阶基上横七竖八堆满劈好的木柴，大门两边贴着大红的春联，一看字迹就知道是印刷品。右边是"富贵家门万事兴"，左边的对联只剩上面 4 个字"黄金宝地"。我有些好奇下面 3 个字是什么，手机百度，果然发现了这副对联，"黄金宝地"后面是"千财旺"。对联虽然有些俗气，但表达了大家对美好生活的向往。

张超的爷爷已经 87 岁，身体十分硬朗。见我们来了，显得有些拘束，把靠墙的椅子拖到堂屋中间，嘴里只重复说一个字："坐！坐！"

看上去，家里有些零乱。这栋房子只住着张超的爷爷和叔叔。叔叔 50 多岁，十几年前离婚后同父亲住在一起，父子俩相依为命。

张超的爷爷搬了把木椅，靠坐在大门边。他上身穿件蓝色圆领汗衫，下身穿一条分不出颜色的裤子，挽着裤脚，露出精瘦的小腿，脚上穿一双黄胶鞋，鞋上沾满了泥点。他始终望着门外，面无表情，一言不发。我上次来采访时，张超的小姑妈告诉我，她爸爸每次晓得张超要来看他，必定走二三里路，到公路上去接，张超是他的心肝宝贝。

张超走了 3 年，3 年来，爷爷几乎每天都坐在大门边，望着门前那条路，眼巴巴地盼望着孙子再来看他。

张超永远不可能来看爷爷了，可爷爷每天都在掐着手指头痴痴地盼望！

朱为俊看见爷爷这副神情，心酸不已，悄悄塞给他 300 元钱。

谢佑贤忙着拍照，登记、收集资料。

不知什么时候，张胜华从里屋拎出一把小木椅，他说这是专为张超做的，他小时候坐过。朱为俊说，这很珍贵，别遗失了，带回城里保管。

5 月 28 日，朱为俊和谢佑贤陪着张胜华去医院，亲眼见证张胜华的伤口拆线。朱为俊反复问医生，拆线后还有没有问题。医生说伤口愈合很好，没有问题了。朱为俊放心了，马上给基地首长打电话报告。

5月29日，朱为俊和谢佑贤与张胜华道别，安心返回部队。他俩肩负基地官兵的重托，为陪护张胜华，在岳阳待了整整12天。

张超如果泉下有知，尽可放心了！

“军队和老百姓，嗨哟！军队和老百姓……咱们是一家人，咱们是一家人……”人民军队来自人民，为了人民，从诞生的那天起，就决定了人民子弟兵与老百姓天然的血浓于水的亲情联结。

2014年秋天，中共中央总书记、国家主席、中央军委主席习近平在古田出席全军政治工作会议期间，邀请11位部队基层干部和英模代表共进午餐，吃的红米饭，喝的南瓜汤，让我们感慨万千。在那战火连天、内忧外患的日子里，这支吃着红米饭、喝着南瓜汤的人民军队，正是因为心里始终装着人民，赢得了人民群众的衷心拥护，取得一个又一个胜利，最终打下了属于人民的江山。

历史和现实都昭示我们：坚如磐石的军民关系，是实现中国梦、强军梦的政治基础，永远是我们战胜一切艰难险阻、不断从胜利走向胜利的重要法宝。在新的历史条件下，这个重要法宝将在实现中国梦、强军梦的伟大征程中激发出新的伟力，谱写出新的壮丽篇章。

“军民团结如一人，试看天下谁能敌。”英模张超的父亲生病住院，张超生前所在部队高度重视，精心照料，演绎了新时期一段军民鱼水情的佳话。这不仅让张超的父亲感动，也让张超的亲友感动，同时，更让500多万岳阳人民以及全社会感动。

这段佳话，必将在蓝天与大地之间经久流传！